El Jaque Mate del Marketing Digital

Zuly Salas

El jaque mate del marketing digital © Zuly Salas, 2024
Una publicación independiente de Zuly Salas.
Todos los derechos reservados. San Juan, Puerto Rico.

ISBN 979-8-218-40540-3
Página web: www.zulysalas.com
Redes Sociales: @ZulySalasDigital
Correo electrónico: zulysalas@zulysalas.com

Equipo de autopublicación:

EMPRENDE CON TU LIBRO

Mentoría en autopublicación estratégica
y gerencia editorial: Anita Paniagua
www.emprendecontulibro.net

Edición y corrección de prueba: Mariangely Núñez-Fidalgo
arbola.editores@gmail.com

Diseño gráfico y portada: Amanda Jusino
www.amandajusino.com

Fotografía de la autora: L. Raúl Romero
raulromerophotography@gmail.com

Cualquier reconocimiento otorgado a esta obra debe ser a nombre de la autora.

Ninguna parte de esta publicación podrá ser reproducida, procesada en algún sistema que la pueda reproducir, o transmitida en alguna forma o por algún medio electrónico, mecánico, fotocopia, cinta magnetofónica u otro –excepto en el caso de citas breves para reseñas– sin el permiso previo por escrito de la autora.

El Jaque Mate del Marketing Digital

Cinco movidas estratégicas para ganar al mercadear tus servicios

Zuly Salas

Dedicatoria

A mi amado, Rafa

A mis padres, Eduardo y Zoraida

Como piezas claves en mi vida, han sido mis mejores estrategas y aliados. Este libro es un reflejo del impacto que han tenido en mi camino.

        Con amor,

           -Zuly

Contenido

Agradecimientos 1

«Es como si no le estuviera hablando a nadie…» 3
    Entonces, ¿qué necesitas hacer para que tus
anuncios funcionen? 5
    Ajá, Zuly… ¿y quién eres tú para decirme cómo vender
mis servicios? 8
    Sobre qué no es este libro 10
    Sobre qué sí es este libro 11
    ¿Cómo vas a usar este libro? 11

Las cinco movidas: Prepárate para ganar la partida 13

**Movida 1. Prepara el tablero y acomoda tus piezas:
construye tu marca como un gran maestro de ajedrez** 21
    ¿Qué compone tu marca personal? 25
    «Entonces, ¿cómo logro que mi marca personal sea efectiva
y produzca todos estos resultados?» 27
    Consejos que nadie te dio para acomodar tus piezas
y construir tu marca 32
    Enroque Digital 42
    ¡Trabajemos en tu negocio! 43

**Movida 2. Diseña tu estrategia de juego: planifica para
mantener la ventaja dentro del mercado** 45
    ¿Por qué es necesario tener una estrategia? 49
    ¿Cuáles son los beneficios de tener una estrategia de juego? 50
    Elementos imprescindibles para desarrollar tu estrategia
de juego 54
    Consejos que nadie te dio para diseñar tu estrategia
y mantener la ventaja dentro del mercado 56
    Enroque Digital 58
    ¡Trabajemos en tu negocio! 59

Movida 3. Convierte tus peones en reyes: transforma seguidores en clientes ideales 61
    El peor error que cometí cuando comencé mis redes sociales.... 63
    Cómo desarrollé una comunidad poderosa 65
    Así como evitar perder tus piezas en el juego no te asegura la victoria, tener muchos seguidores no te asegura tener muchas ventas 75
    Un experto nunca deja que otros le pongan precio a su servicio. 79
    Es mejor tener una comunidad fuera de las redes sociales 80
    ¿Cuáles son los beneficios de tener una comunidad fuera de las redes sociales? 82
    Cómo ampliar tu lista de correos electrónicos 87
    Consejos que nadie te dio para convertir tus peones en reyes 88
    Enroque Digital 92
    ¡Trabajemos en tu negocio! 93

Movida 4: La jugada maestra: estrategias de contenido para conectar y cautivar 95
    «Quiero irme viral» 97
    ¿Cómo logras relaciones cercanas con tu audiencia? 99
    Contenidos potenciadores de marca 101
    El rol de tu contenido según la fase en que se encuentran tus clientes potenciales 113
        Fase 1: Descubrimiento y atracción 113
        Fase 2: Conexión 115
        Fase 3: Conversión 115
    ¿Qué quieres lograr con tu contenido? 116
    Contenido de poder versus contenido complementario 119
    Divide y multiplica 123
    ¿Te quedaste sin ideas? 126
    Consejos que nadie te dio para conectar y cautivar con tu contenido 127
    Enroque Digital 132
    ¡Trabajemos en tu negocio! 133

Movida 5. Pon en jaque al rey: estrategias de seguimiento para mantener a tu cliente potencial cautivado 135
    1. Necesitas ser el experto 138
    2. Deja que el rey haga su movida 139
    3. Mueve tu reina y provee un seguimiento omnicanal 140
    4. Saca tus caballos y lleva al rey por el embudo 142
    Consejos que nadie te dio para mantener a tu
    cliente potencial cautivado 143
    Enroque Digital 148
    ¡Trabajemos en tu negocio! 149

Movida final. ¡Jaque mate! La estrategia de anuncios para cerrar ventas y fidelizar clientes 151
    Para crear un buen anuncio, necesitas 154
    Los cinco anuncios esenciales para un buen *marketing* digital 155
    Objetivos para tus anuncios según la fase en la que
    se encuentra el rey 157
    Audiencias básicas que necesitas tener en tu administrador
    de anuncios de Meta™ 160
    Cómo saber si tu anuncio fue exitoso 161
    Consejos que nadie te dio para cerrar ventas 163
    Enroque Digital 170
    ¡Trabajemos en tu negocio! 171

Recapitulemos 173

Chequéate esta movida 175

Sobre la autora 177

Relevo legal 179

Bibliografía 181

Agradecimientos

Primero a Dios, quien me ha dado la sabiduría y el entendimiento para compartir mi conocimiento y que sea de ayuda para otros.

A Rafa, mi compañero de vida, por siempre creer en mí y motivarme a soñar en grande. Gracias por ser inspiración y apoyo inquebrantable, por tu complicidad en cada uno de mis proyectos y caminar a mi lado durante todo el proceso.

A mis padres Eduardo y Zoraida, quienes han sido pieza clave en mi formación personal y profesional; por siempre alentarme a cumplir mis sueños y darme el impulso para superar los obstáculos.

Al hermoso equipo de Emprende Con Tu Libro, quienes han trabajado arduamente y mano a mano para darle vida a este proyecto.

A ti, mi querido lector, por la confianza que me brindas de servirte de guía en el mercadeo de tu negocio de servicios.

«Es como si no le estuviera hablando a nadie...»

«¡No estoy vendiendo, no sé qué pasa! Cuando pongo mis anuncios lo único que me llegan son un par de reacciones, algunos comentarios y unos pocos mensajes. Lo peor es que muchas de las personas que me escriben no son clientes potenciales para adquirir mis servicios. Necesito ayuda con mis anuncios porque, por más que me esfuerzo, es como si no le estuviera hablando a nadie...».

Esas fueron las palabras de Dianelis, consultora y «coach» de productividad empresarial, y son las de casi el 95% de los clientes que me consultan. De seguro, también son las tuyas.

Posiblemente comenzaste buscando información y es muy probable que a estas alturas hayas probado múltiples estrategias y tácticas y has intentado aprender todo lo necesario para vender tus servicios efectivamente y llevar tu negocio al éxito, pero sigues sin lograr esos resultados que buscas. Intentas unas estrategias hoy, otras mañana y pones toda tu fe en que funcionarán y, cuando configuras tus anuncios, terminas apagándolos unos días más tarde porque la inversión ha sido mayor que el retorno o, peor aún: **no ha habido retorno alguno.**

O quizás estás pensando todo el tiempo en qué contenido publicar y, luego de haber pasado todo el trabajo de crearlo, da la impresión de que nadie lo miró. ¡Qué frustrante! Creo que no hay momento en el que uno se siente más derrotado como empresario que cuando publicamos un contenido o vídeo de nuestro negocio y, después de tantas horas de pensamiento y producción, lo *posteamos* con mucha emoción y se queda ahí, como si nada hubiese pasado, para que dos horas más tarde llegue el único *like* que siempre tenemos seguro: el de mamá, algún familiar o un amigo cercano.

También puedes estar pasando por la típica historia del emprendedor que todo lo abarca: hacer anuncios para una audiencia gigante y que, al final, lo que llegan son mensajes y comentarios de personas que no están inclinadas a adquirir tus servicios. Te escriben, te piden información, los orientas, les envías propuestas y al final… ¡puffff! desaparecen como si la tierra se los hubiese tragado.

Entonces, comienzan los cuestionamientos y las dudas… *quizás no soy bueno para esto… quizás a nadie le interesa… ¿será que mi contenido no es lo suficientemente atractivo?* o *¿será que no tengo poder de convencimiento?* Esto viene seguido de una serie de frustraciones y arrepentimientos por el tiempo invertido, por el dinero invertido… y hasta nos ataca el síndrome del impostor: ese que nos hace pensar que no somos buenos para lo que hacemos.

Déjame decirte una cosa: no es ni una, ni la otra. No es que tu negocio o tu contenido no sean lo suficientemente atractivos, ni que no seas bueno en lo que haces, tampoco es que a nadie le interese tus servicios. **Lo que sucede es que son muchos los factores externos que complementan el éxito de nuestras campañas de anuncios.**

Suele ocurrir que esperamos depender completamente de una campaña o de darle un *boost* a una publicación para lograr resultados, **sin tomar en cuenta todo el trabajo previo que debimos realizar para asegurar el éxito de esa campaña.**

Muchos profesionales de servicio no son efectivos con sus anuncios. Esa es la dura realidad. Los factores que influyen en su éxito o fracaso son muy diversos. **La mayoría de las veces, ese fracaso depende más de las altas expectativas sobre lo que quieren lograr cuando apenas invierten unos dólares en anuncios.** Otros viven con la falsa idea de que con solo darle clic a ese botón de *boost* o promover, ya les llegará un fracatán de nuevos clientes a su *inbox* o bandeja de mensajes, sin saber que, si no se usa de forma estratégica, están botando el dinero.

Entonces, ¿qué necesitas hacer para que tus anuncios funcionen?

Quiero que imagines tu estrategia de *marketing* digital como un tablero de ajedrez. Necesitas ser consciente de que cada decisión que tomes y cada movida que realices tienen repercusiones y pueden acercarte o alejarte de tus objetivos. Por eso, es importante que cuentes con una estrategia que te permita perseguir tus objetivos de venta atrayendo **clientes potenciales calificados**: aquellos que poseen las características de tu cliente ideal, tienen una necesidad que puede ser cubierta por tus servicios y cuentan con el presupuesto para adquirirlos. Una vez conoces tus objetivos de venta y quiénes son esos clientes potenciales calificados a quienes te vas a dirigir, es importante que realices movidas estratégicas para crear relaciones cercanas con ellos. Desde el contenido y anuncios que publicas hasta los correos electrónicos, cada movida es una oportunidad para cultivar y fortalecer esa relación con tu cliente potencial.

En una partida de ajedrez, debes crear una estrategia para acercarte al rey y ponerlo en jaque. En ocasiones, hay que hacerlo varias veces y tener paciencia. Lo mismo ocurre en internet: **las personas están sumamente ocupadas y el mostrarles el anuncio solo una vez no tiene efecto.** Por lo tanto, además de saber los objetivos y quiénes son tus clientes potenciales, es necesario que conozcas cómo brindar ese seguimiento adecuado para ponerlos en jaque utilizando tu estrategia de *marketing* digital y convertirlos en tus clientes: ¡Jaque mate!

Antes de decirte qué puedes hacer para dar un jaque mate, quiero que te contestes estas preguntas: ¿Cuáles son tus metas de venta en los próximos tres meses?, ¿quiénes serían esos clientes potenciales calificados para ti?, ¿qué deseas lograr con tu contenido?, ¿qué método digital utilizas para proveer seguimiento a tus clientes potenciales?, ¿qué elementos de tu marca personal tienes listos ahora mismo? **Si tu respuesta a alguna de estas preguntas es «no sé», de seguro algo en tus anuncios va a fallar.** Quizás tu audiencia no responde o no hay interés; o quienes te responden **no** son tus clientes potenciales calificados; o quizás no llegan las ventas que deseas y tu dinero en anuncios termina siendo un gasto en vez de una inversión.

¿Te identificas? Bueno, si eso es así, tienes en tus manos el libro indicado para que conozcas las cinco movidas estratégicas para ganar al mercadear tus servicios a través de internet y las redes sociales. Estas movidas imprescindibles **multiplican las ventas de tus servicios con menos inversión y atraen más clientes con menos esfuerzo.**

Las cinco movidas es la misma estrategia que utilizo para mí y con mis clientes para crear campañas de *marketing* digital exitosas. Quiero compartirlas contigo para que recibas en tu *inbox* mensajes de personas genuinamente interesadas en tus servicios y deseosas de adquirir tus soluciones. Con estas movidas podrás:

- decirle adiós a esas publicaciones que solo tienen el «me gusta» de tu mamá
- ganar mayor interacción en tus perfiles
- hacer que tu contenido conecte con tu audiencia
- convertirte en una autoridad dentro de tu industria
- aumentar tus ventas

Ajá, Zuly… ¿y quién eres tú para decirme cómo vender mis servicios?

Quiero contarte un poco de mi historia para que me conozcas mejor. Me presento oficialmente: Soy Zuly Salas, especialista en *marketing* digital desde el 2012 y lo que hago día a día es ayudar a profesionales de servicio, como *coaches*, consultores, agencias y proveedores de soluciones digitales a conectar con sus clientes potenciales calificados.

Mi pasión por el mercadeo comenzó en 2005, cuando entré al programa de Mercadeo de mi escuela superior, la Escuela Catalina Morales de Flores, en Moca, Puerto Rico. Esa pasión continuó durante mis años universitarios y, en 2012, obtuve mi bachillerato en Relaciones Públicas y Publicidad, de la Universidad de Puerto Rico, Recinto de Río Piedras. Tan pronto me gradué, comencé a trabajar con distintas organizaciones sin fines de lucro, a quienes proveía consultorías y adiestramientos sobre las redes sociales que, en ese tiempo, no eran nada de lo que son ahora. Las redes sociales eran plataformas mucho más sencillas y fáciles de llevar, pero, como ya sabes, se fueron complicando con el tiempo. Como era un tema que me encantaba, continué educándome y adquiriendo experiencia. En 2015, me licencié como relacionista en Puerto Rico y, en 2018, obtuve mi maestría en Comunicación y Educación, de la Universidad Autónoma de Barcelona, en España.

Desde mis inicios y a lo largo de mi carrera, he trabajado en empresas públicas y privadas y he dedicado la mayor parte de mi tiempo a trabajar con profesionales de servicio que buscan impulsar su *marketing* digital, ayudándoles a desarrollar estrategias efectivas que les permitan conectar con los clientes potenciales indicados y aumentar sus ventas. También, he trabajado como **recurso** de la División de Educación Continua de la Universidad de Puerto Rico y he fungido como **profesora** de Publicidad Digital, en la Universidad del Sagrado Corazón, en Puerto Rico. Me he desempeñado como mentora de estudiantes de Mercadeo; he tenido el honor de ser invitada como jurado en diferentes competencias, conferencista en diversos eventos masivos nacionales e internacionales y a distintos segmentos de radio para hablar de temas relevantes a la industria de *marketing* digital.

A través de mi práctica, he descubierto que la mayoría de **los profesionales de servicio** conocen a fondo su negocio, sus fortalezas y cómo lo que hacen puede cambiar la vida de los demás, pero no todos conocen cómo divulgar, de manera atrayente para sus clientes potenciales, la información sobre sus ofertas o servicios.

A lo largo de mi trayectoria, también he descubierto que no es solo llevar el tráfico (llevar a las personas a tu página de venta u oferta), sino que tenemos que trabajar con constancia para ganarnos la atención del público a través de nuestro contenido, nuestros anuncios y correos electrónicos. **No sirve de nada crear un anuncio para que nos vean una sola vez y ya, porque con el *rush* o el ajoro del día a día, se pueden olvidar de nosotros.**

Si vendes servicios y utilizas las redes sociales para anunciarte, pero tus anuncios fracasan o no logran los resultados que deseas, o si no sabes cómo dirigir a las personas interesadas hacia tus servicios u ofertas, presta mucha atención a todos los consejos que compartiré contigo, pues **te ayudarán a trazar tu estrategia de juego para atraer clientes calificados a tu negocio y realizar las movidas estratégicas necesarias para dar el jaque mate y cerrar la venta.**

Sobre qué no es este libro

Quiero comenzar dejando algo claro: en este libro no voy a hablarte de cómo configurar un anuncio. Tampoco voy a hablarte de las imágenes, los vídeos o los elementos gráficos a utilizar. Sí, todo esto es importante, pero al igual que en el juego de ajedrez, **hay un trabajo previo que debes realizar: definir una estrategia (e implementarla) para asegurar el éxito de tus anuncios. Si me enfoco en explicarte la configuración del anuncio –que es la parte final de la estrategia–, voy a dejar sobre la mesa mucha información de valor que necesitas conocer,** lo que podría afectar grandemente tus resultados y yo no quiero que te pase eso. Por el contrario, quiero proveerte las herramientas y estrategias necesarias para que logres constantemente mejores resultados con tus anuncios, de manera que tus servicios atraigan cada vez a más clientes.

Sobre qué sí es este libro

Imagina que, gracias a tus anuncios, recibes mensajes de nuevos clientes potenciales calificados en tu *inbox*. ¿Cuánto más podrías vender si diariamente recibes al menos un nuevo mensaje de un cliente potencial?, ¿y si recibes dos?, ¿o cinco?, ¿diez?... ¿o cien?

En este libro, **te encaminaré a desarrollar e implementar una jugada maestra con la estrategia idónea** para tu *marketing* digital. A través de esta, podrás realizar movidas inteligentes que te ayuden a conectar con tu audiencia, ganar posicionamiento como experto en tu industria, atraer a los clientes indicados y multiplicar tus ventas. De esto se trata.

¿Cómo vas a usar este libro?

Luego de la explicación de cada movida, encontrarás las secciones *Consejos que nadie te dio...* sobre el tema discutido, *Enroque Digital* y *Trabajemos en tu negocio*.

En *Enroque Digital* te presento la oportunidad de explorar cómo la integración de la inteligencia artificial (IA) en tu *marketing* digital puede ser tan estratégica y vital como lo es un enroque en el ajedrez. El **enroque** es un movimiento en el que el rey y una torre se mueven simultáneamente para proteger al rey y activar la torre para la defensa y el ataque. En esta sección, te guiaré a través de consejos innovadores de IA que pueden optimizar tus esfuerzos de mercadeo, permitirte proteger tu marca y anticiparte a las jugadas de la competencia con movimientos precisos y bien calculados para mejorar tu posicionamiento en el mercado.

La sección *Trabajemos en tu negocio* se refiere al manual de trabajo que he creado para utilizarlo junto a este libro. Es una herramienta esencial para ayudarte a delinear, paso a paso, la estrategia de tu negocio. Es importante que lo tengas a la mano porque, a lo largo del recorrido, compartiré contigo información de valor para que completes tus plantillas y el material de trabajo, de modo que puedas poner rápidamente tu estrategia en acción. **Está disponible para que lo descargues de manera gratuita en:**

zulysalas.com/mijaquemate

Mi recomendación es que, a medida que vayas leyendo y aprendiendo, comiences a aplicar cada consejo de inmediato, para que cuando termines de leer todas las *Movidas*, ya puedas tener una estrategia completa trabajando para ti.

Ahora te invito a que tomes tu taza de café o té, te sientes en tu espacio favorito y comiences a diseñar tu estrategia para ganar la partida con tus anuncios.

Las cinco movidas:
Prepárate para ganar la partida

¿Sabes cómo se gana una partida de ajedrez? Más allá de mover las piezas «porque sí», necesitas preparar tu tablero, acomodar las piezas, pensar y desarrollar tu estrategia de juego, analizar a tu oponente y realizar movidas estratégicas para poner al rey en jaque. Si tu estrategia fue la correcta, podrás dar jaque mate y saborear la victoria.

Pero ¿qué pasaría si saltas u omites alguna parte de la estrategia que desarrollaste o realizas tus movidas en el orden incorrecto?, ¿ganarías la partida?, ¿la perderías? La respuesta la sabemos: sería la segunda alternativa... definitivamente. Algo así sucede con el mercadeo digital. **Tú no puedes pretender obtener la victoria de atraer a tu cliente ideal con un anuncio, si no has tomado en cuenta todo el proceso anterior que implica crear tu estrategia, preparar tus piezas y hacer tus movidas para dar ese jaque mate contundente: ¡venta realizada!**

Voy a comenzar explicándote un poco sobre *las cinco movidas estratégicas* que debes implementar para vender tus servicios con menos esfuerzo y su relevancia en el éxito de tu negocio. La idea es que puedas tener una imagen ampliada sobre la importancia de todo lo que aprenderás a lo largo de los siguientes capítulos y las razones por las cuales **no puedes saltar estas movidas: debes seguirlas en un orden específico dentro de tu estrategia de** *marketing* **digital.**

Cada una de estas **movidas** juega un rol esencial en los resultados de tus esfuerzos publicitarios y es determinante que trabajes con constancia en cada una de ellas. Si omites o saltas alguna de estas movidas, se te hará mucho más difícil optimizar tus resultados y dar jaque mate con anuncios. **Cuando empieces a desarrollar tu estrategia y trabajes con constancia en tus movidas, se te hará cada vez más fácil y las terminarás aplicando de forma automática.**

Ahora, sin más preámbulos, comencemos a preparar nuestra jugada:

Movida 1
Prepara el tablero y acomoda tus piezas: construye tu marca como un gran maestro de ajedrez

¿Sientes que nadie te ve en las redes sociales, que hay otros colegas que captan más que tú el interés de sus seguidores?, ¿pasas horas largas grabando o pensando en las palabras perfectas para tu contenido… y nadie reacciona y te parece que ni siquiera te recuerdan?

En esta primera movida, te enseñaré estrategias para que te destaques y te reconozcan con tu marca personal. Te mostraré cómo puedes lograr que tu contenido sea memorable para tu cliente ideal y que pueda reconocerte fácilmente en las redes sociales.

Movida 2
Diseña tu estrategia de juego: planifica para mantener la ventaja dentro del mercado

¿Alguna vez te ha pasado que se te acaban las ideas, no te llega la creatividad o, simplemente, se te olvida publicar el contenido y los anuncios que necesitas en las redes sociales?

Esto se debe a que careces de una estrategia que te ayude a avanzar en el proceso de atraer tus clientes ideales. **Para mantenerte presente en la mente de tu consumidor, necesitas una estrategia bien diseñada.**

La estrategia es prácticamente la columna vertebral de todo lo que implementaremos para alcanzar nuestra meta final: **Ganar más clientes.** Así que, en esta movida, te enseñaré los beneficios de crear tu estrategia y cómo puede ayudarte a poner en jaque la mente de tu cliente ideal para que te mantenga presente.

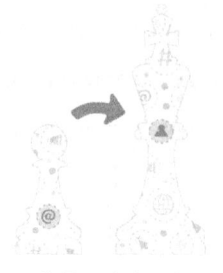

Movida 3
Convierte tus peones en reyes: transforma seguidores en clientes ideales

¿Sabes cuántos de tus seguidores son realmente tus clientes potenciales?, ¿sientes que lo más importante para ti es continuar aumentando el número de seguidores para que tu negocio aparente ser grande ante los demás? Te tengo una noticia: **para vender no necesitas tener miles de seguidores, sino los correctos.** Para esto es imprescindible que te asegures de que tu comunidad crezca con seguidores calificados, esos que están más interesados en tus servicios y dispuestos a contratarte.

En una partida de ajedrez debes conocer a fondo a tu oponente para saber de antemano qué movidas estaría inclinado a realizar. De la misma forma, en el *marketing* digital debes conocer a fondo a tu audiencia para poder desarrollar la estrategia correcta. En esta movida te enseñaré cómo crear tus audiencias al detalle y correctamente para que puedas tener una comunidad de impacto que esté interesada en tus servicios constantemente.

Movida 4
La jugada maestra:
estrategias de contenido para conectar y cautivar

«Es que por más que publico, no vendo nada». ¿Te ha pasado? Te pregunto: ¿Qué es lo que estás publicando?, ¿ofertas?, ¿paquetes de servicios? Esa podría ser la razón por la cual no estás vendiendo. El contenido es una de las partes más importantes de la estrategia y no podemos enfocarlo meramente en ofertas y paquetes de servicios. Hacer esto es como si un jugador de ajedrez hiciera sus movidas a ciegas o, como decimos en Puerto Rico, «a lo loco» o «al garete». El contenido es la pieza fundamental para que tus clientes potenciales hagan clic contigo y es importante que proveas información que los lleve a conocerte hasta que te contacten y tomen la decisión de compra.

En esta movida —que confieso es mi favorita— compartiré contigo los cuatro tipos de contenido imprescindibles para que tu negocio se destaque en el mundo digital y conectes con tu audiencia. Cada uno de estos tipos de contenido aporta sustancialmente al proceso de conectar y recordar una marca y juega un rol importante en la toma de decisiones de compra. También, te mostraré las dos categorías principales en las que debes dividir tu contenido para destacarte ante tu competencia y poder cobrar mucho más por tus servicios.

¿Que no tienes tiempo para crear contenido? Tranquilo, ya te escuché. Por eso, en esta movida te enseñaré una técnica secreta que te ayudará a maximizar tu tiempo con la que puedes sacar hasta 20 piezas de contenido con un solo contenido base.

Movida 5
Pon en jaque al rey: estrategias de seguimiento para mantener a tu cliente potencial cautivado

Es sumamente importante que sepas que comenzar a hacer anuncios sin haber realizado las primeras cuatro movidas es un error craso. Primero necesitas preparar el tablero creando una marca memorable para lograr ser recordado y tienes que tener una estrategia que te guíe en el camino a cautivar a tu cliente. Esto puedes lograrlo si te diriges a la audiencia correcta para ti y realizas movidas estratégicas con contenido que capture su atención. Luego que hemos aplicado las cuatro movidas iniciales, entonces es momento de anunciarnos.

En esta movida te enseñaré los anuncios esenciales que debes crear para vender tus servicios y las audiencias básicas que debes tener para maximizar tus resultados y tu presupuesto.

Ya conoces cuáles son las cinco movidas estratégicas para ganar al mercadear tus servicios.

¿Estás *ready* para comenzar la partida? Si la respuesta es sí, comencemos por preparar tu tablero de juego. Ah, pero antes de comenzar, descarga tu manual de trabajo en:

zulysalas.com/mijaquemate

¿Listo?, ¿ya lo tienes?... pues pasemos la página.

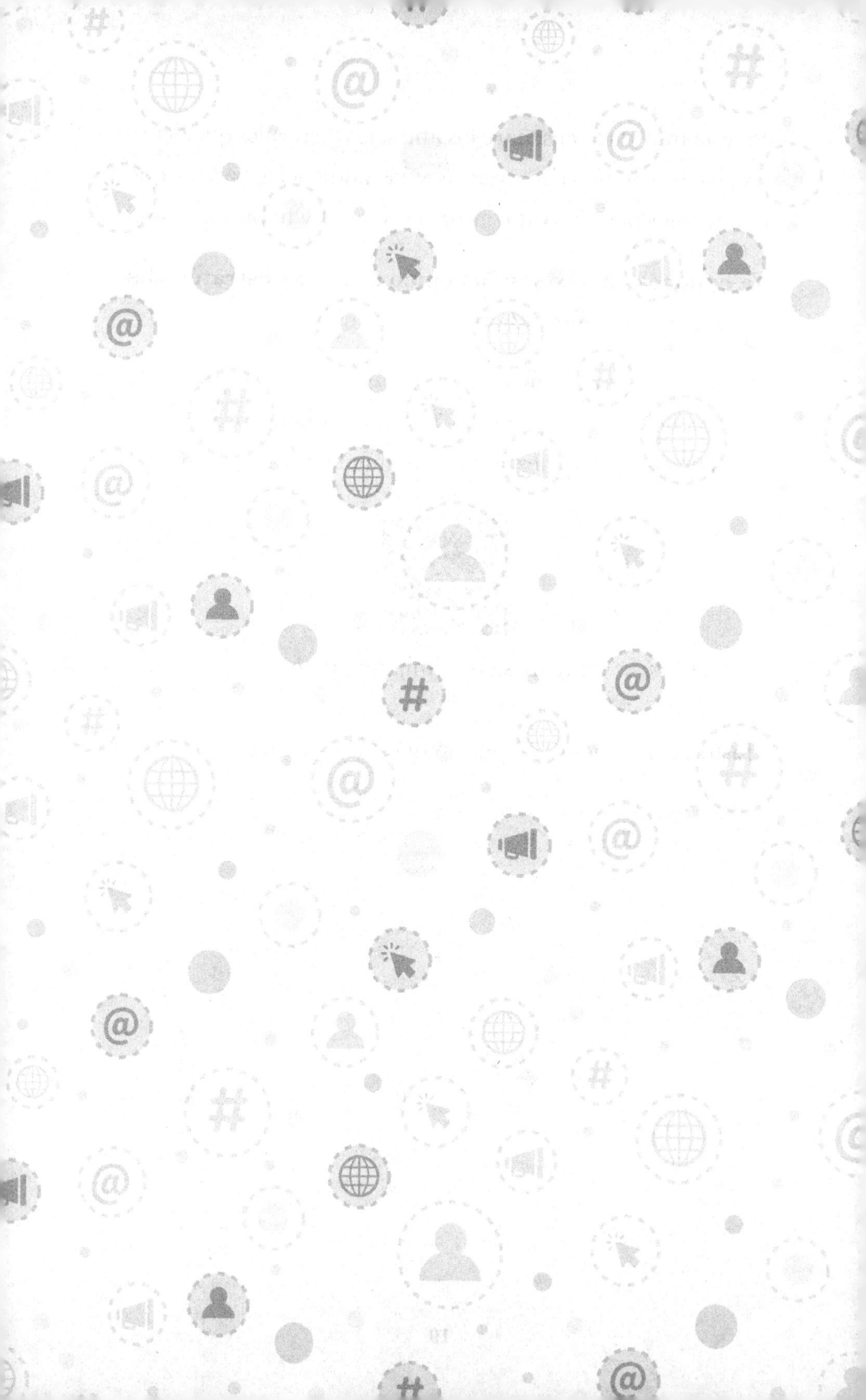

Movida 1

Prepara el tablero y acomoda tus piezas:

construye tu marca como
un gran maestro de ajedrez

En un juego de ajedrez, el primer paso antes de comenzar la partida es preparar el tablero, ese espacio en el que realizarás las movidas estratégicas que te permitirán llegar al rey (tu cliente ideal). Este juego es muy particular, pues cada una de sus piezas ocupa un espacio y un orden en específico que, por más que lo quieras alterar, no te será permitido: las torres van en las esquinas, seguidas por los caballos y los alfiles; en los dos espacios que quedan en el centro colocas la reina en su color y el rey en el último espacio disponible. Los peones van en la primera fila, son los que «dan cara» y proveen protección. Cada una de las piezas tiene una función y un propósito y por eso deben estar donde están. Del mismo modo, los negocios necesitan crear una marca que incluya todas las piezas o elementos claves colocados en su lugar y que los identifiquen: nombre, logo, paleta de colores, tipografía, *slogan*, estrategia de venta, etcétera. Para darte un ejemplo de cómo funcionan las marcas quiero que pienses en cualquier refresco. Ahora piensa en un refresco que te llena de felicidad y brinda efervescencia a tu vida… ¿de qué color es su empaque? Ahora imagina un lugar de experiencias mágicas donde todos los sueños se hacen realidad, ¿qué elemento lo identifica? De seguro, tus respuestas a estas preguntas son: 1- rojo y blanco (Coca-Cola®) y 2- un castillo (Walt Disney World® o Disneyland®). Estos dos son ejemplos simples, pero muy concretos, sobre la importancia de tener una marca que identifique tu negocio. Quizás me dirás: «Pero Zuly, es que yo vendo servicios y no tengo una megaempresa como Coca-Cola® y Disney®». Pues, precisamente por eso y porque a diario compites con miles de negocios en las redes sociales, necesitas una marca que identifique tu negocio para que pueda ser recordado por tu cliente ideal. En el mundo de los servicios, la llamamos **marca personal**.

Natalia vende ofertas de membresía y paquetes de viajes para una empresa multinivel. Aunque estas empresas proveen un adiestramiento profundo sobre cómo vender sus paquetes de viaje, llegó donde mí porque sentía que estaba pasando desapercibida ante su audiencia. Cuando evalué sus redes sociales, lo primero que noté fue que su contenido no tenía relación con su marca personal y, como resultado, no estaba siendo recordada por su audiencia. La inconsistencia en el uso de los colores de su marca y en el formato de su contenido estaba confundiendo a su audiencia más que atraerla. Una de mis recomendaciones principales fue trabajar una serie de plantillas de contenido con su marca que pudiera utilizar cada día y, efectivamente, unas semanas más tarde, se comunicó conmigo para dejarme saber que varias personas se habían puesto en contacto con ella luego de haber realizado ese cambio que le sugerí.

Algo bien importante que debes saber es que el que te sigue en las redes sociales también sigue a otras personas que hacen lo mismo que tú porque tiene interés en lo que haces y en tu industria. Es esencial que llames la atención y que tu contenido esté identificado para que tu audiencia pueda recordarte por encima de tu competencia. Ya sea que vendas servicios digitales desde la sala de tu casa o que trabajes en una oficina que recibe público todos los días, **necesitas una marca personal para vender tus servicios.** Es como preparar el tablero de juego para ejecutar el resto de la estrategia. Esto es imprescindible para mantener la uniformidad en el mensaje.

¿Qué compone tu marca personal?

Una marca personal es el conjunto de los elementos que componen la «personalidad» de tu negocio, incluyendo:

1. El logo
2. La paleta de colores
3. La tipografía
4. El tono en el que te comunicas
5. El *slogan*, línea o las frases que utilizas con frecuencia
6. Tu imagen personal
7. El posicionamiento

Ahora quiero explicarte la importancia y las razones principales por las cuales necesitas una marca personal para vender tus servicios.

Cuando creas una marca personal:
1. Ganas recordación en la mente de tu cliente ideal

Cuando creas una marca personal y la usas constantemente, tienes la ventaja de que tu audiencia te recuerde fácilmente porque tu marca tendrá elementos que le ayudarán a tenerla presente. Nuestra mente asocia los colores y los elementos de las marcas que vemos y cuando en nuestro día a día, nos ponemos en contacto con algún color o elemento similar, esa asociación nos ayuda a recordarlas. Si te dijera que menciones una marca de comida rápida que está representada por una M amarilla, ¿cuál mencionarías? De seguro, McDonald's®. ¿Por qué? Porque siempre mantienen constancia en sus colores y elementos de marca. Por años y años, su marca siempre se ha mantenido bastante exacta, solo con algunos pequeños cambios. Si estás en las redes sociales y ves un contenido con este color, tu mente automáticamente asociará esos colores con la marca McDonald's®. Entonces, si tú también mantienes la constancia de tu marca personal y utilizas siempre los mismos colores o elementos que la identifican, lograrás esa misma recordación y se te hará mucho más fácil mantenerte presente en la mente de tu cliente ideal.

2. Ganas conexión con tu audiencia

Recuerda que quien te sigue en las redes sociales es porque tiene interés en tu industria y existe una gran probabilidad de que siga a otros colegas que hacen lo mismo que tú. Por eso, es importante que ganes la delantera con una marca personal estable, para que puedas conectar mejor con tu audiencia, posicionarte en su mente de la forma correcta y que seas recordado.

3. Ganas autoridad en la industria

Tener una marca personal te ayuda a unificar tu mensaje y mantener la constancia que le da fuerza a tu voz. Al desarrollar tu marca personal, reflejas profesionalismo, seriedad y confiabilidad en tu mensaje, lo cual te ayuda a destacarte entre otros profesionales y a proyectarte como una autoridad dentro de tu industria.

> **«Entonces, ¿cómo logro que mi marca personal sea efectiva y produzca todos estos resultados?»**

Aquí te voy con la primera noticia: debes crear tu marca según la audiencia a la que te diriges, lo que vendes y lo que quieres comunicar. La noticia número dos: debes ser constante en su uso. Te lo comento porque es una lucha frecuente que tengo con mis clientes de consulta. Muchos llegan buscando soluciones porque su contenido no tiene alcance, no genera interacción o interés en sus seguidores y no toman la acción necesaria para concretar la venta. Cuando evalúo sus redes sociales, casi siempre hay una inconsistencia total en su marca personal: publican unos días con unos colores y luego se ponen bien «creativos» y cambian por completo el concepto de su marca en las publicaciones subsiguientes.

Uno de los errores principales que comete la mayoría de los dueños de negocio con su marca personal es que la crean según lo que les gusta a ellos, sin tomar en cuenta los gustos e intereses de su audiencia y esto afecta significativamente los resultados de sus estrategias.

Esa idea inocente de querer que «mi logo tenga rosa y azul porque son los dos colores que me gustan» es la más peligrosa que escucho a diario. Los colores de tu marca deben estar completamente asociados a lo que quieres proyectar y deben apelar a la audiencia a la que te diriges para que puedas captar su atención y lograr que tomen acción. Para saber qué colores son los correctos para tu marca es importante que estudies bien a tu audiencia, sus gustos, intereses, la edad, etcétera. También debes preguntarte lo siguiente: ¿Qué deseo proyectar con mi marca?, ¿qué emociones deseo despertar?, ¿a quién le voy a hablar/cuál es mi audiencia?, ¿qué gustos e intereses tiene mi cliente potencial?, ¿qué colores suelen ser los más relevantes en mi industria?

Por otro lado, está el tema de la industria en la que te especializas y lo que quieres proyectar con tu negocio. Nuestro cerebro asocia los colores con emociones y sentimientos (como el blanco con la paz y el negro con la muerte), por tal razón, debes asegurarte de que tu marca tiene los colores correctos para proyectar lo que deseas a la audiencia que buscas.

Te muestro un ejemplo de mi marca. Como sabes, trabajo *marketing* digital para profesionales, por lo que me dirijo a una audiencia adulta, educada, conocedora, profesional, emprendedora y de negocios y quiero proyectar mi marca como una en la que pueden confiar, que les ayudará a lograr los resultados que buscan.

Inicialmente, mi marca tenía colores azules, turquesa, morado y gris. Luego de unos años, decidimos tener una marca que se notara más creativa y colorida, pero que no perdiera la esencia natural del negocio. Entonces, decidimos añadir dos tonos adicionales: naranja y amarillo. ¿Por qué? Porque el amarillo inspira creatividad, conocimiento, amabilidad y, el naranja, modernidad, innovación, confianza. Por otra parte, el azul que ya teníamos proyecta transparencia, lealtad y credibilidad. No es casualidad que marcas como Facebook™, PayPal® y Samsung™ lo utilicen como color principal, y marcas como IKEA™ y MasterCard® utilicen los colores naranja y amarillo como sus colores principales.

Cabe resaltar que las distintas combinaciones o paleta de colores para marcas y logos deben ser consultadas siempre con un profesional de diseño gráfico para evitar que tu marca en general proyecte algo que no deseas. Por ejemplo, si yo hubiese seleccionado solamente los colores amarillo y naranja como mis colores principales, quizás estuviera incitando el hambre antes que cualquier otra emoción o sentimiento. Esta es la razón por la cual esos dos colores suelen utilizarse juntos para las marcas de restaurantes o negocios de comida. **Escoger los colores correctos para tu marca va mucho más allá de que sean simplemente los colores que te gustan a ti, sino que tengan relación con la audiencia a la que te diriges, tu industria, tu negocio y lo que deseas proyectar.** Mi recomendación es que, primeramente, busques información sobre la psicología del color para que selecciones aquellos colores que mejor se adapten a tu marca y que tomes en consideración todo lo anteriormente mencionado cuando le comuniques tus intereses a tu diseñador.

Una vez creada tu marca personal, es momento de comenzar a utilizarla y, sobre todo, ser constante con su uso para que puedas obtener todos los beneficios que hemos discutido en este capítulo.

Ejemplos de algunas emociones o sentimientos que despierta cada color

Color	Emociones / Sentimientos
Rojo	Pasión, amor, urgencia, energía
Azul	Confianza, serenidad, calma, seguridad, profesionalismo
Verde	Frescura, crecimiento, salud, bienestar, ecología, sostenibilidad
Amarillo	Alegría, optimismo, creatividad, positivismo
Naranja	Energía, amistad, confianza, entusiasmo, calidez, cercanía
Morado	Misterio, sofisticación, creatividad, lujo, elegancia, transformación
Rosa	Femineidad, dulzura, compasión
Blanco	Pureza, limpieza, simplicidad, minimalismo
Negro	Elegancia, lujo, autoridad, exclusividad, prestigio
Gris	Neutralidad, formalidad, equilibrio, profesionalismo, seriedad

Estos son solo algunos ejemplos para que puedas evaluar si parte de la razón de no obtener los resultados que deseas con tu estrategia de venta tiene que ver con el uso de los colores equivocados para transmitir tu mensaje.

Consejos que nadie te dio para acomodar tus piezas y construir tu marca

1. Prepárate para crear una impresión memorable ante el rey

Existen dos factores personales que pueden influir en el éxito de tu marca personal y que nadie habla de ellos. Estos son:

a. Tu imagen personal: ¡Qué mucho nos gusta cambiar de *look* o estilo!... sobre todo, a las mujeres. Sin embargo, cuando tenemos un negocio, debemos intentar mantenernos, dentro de lo posible, fieles a un estilo. Esto te va a ayudar a mantener constancia y poder sacarle el máximo provecho a tu contenido audiovisual. Cuando eres la imagen de un negocio y cambias de *look* constantemente, tu contenido anterior expira y, lo peor, las personas pueden notar cuánto tiempo hace que creaste esas piezas de contenido por el color de cabello, estilo, etcétera. Si llevamos este punto a los anuncios, es mucho peor, ya que genera desconfianza en las personas cuando ven que estás utilizando fotos o vídeos en las que no te ves igual que ahora.

Mi recomendación principal es que trates de mantener tu imagen lo más intacta posible. También puedes optar por tener una imagen en constante cambio como los especialistas en el campo de la belleza, que suelen cambiar mucho de color de cabello, estilos y accesorios. Lo importante es que, no importa cuál de las dos opciones escojas, mantengas constancia en cómo te presentas o proyectas ante tu audiencia. Es igual de difícil identificar el tiempo que tiene una foto o vídeo si nos mantenemos exactamente iguales o si decidimos cambiar en cada uno de ellos. El problema está si tenemos un estilo ahora y otro distinto tres meses después. Algo tan sencillo como un corte de cabello drástico puede hacer que las personas identifiquen cuán antiguo es tu contenido (o tu anuncio). Si quieres cambiar tu imagen, la recomendación es que lo hagas poco a poco para evitar cambios radicales que puedan afectar la proyección de tu mensaje.

b. El tono: La forma en la que transmites tu mensaje debe ser muy tuya y enfocada en tu audiencia. Debes seleccionar un tono que vaya acorde con tu público y lo que deseas proyectar, pero también que no te haga perder tu esencia personal. Quizás eres una persona muy chistosa y llevar el chiste a tu negocio puede ser contraproducente, pero puedes seleccionar un tono profesional-amistoso, en el cual te comuniques de forma seria, pero con momentos jocosos.

Esto también es algo que debes tener en cuenta si utilizas inteligencia artificial o si es otra persona quien crea tu contenido. Es importante que todas las personas a cargo de tu contenido sepan cómo te expresas y cómo te comunicas con tu audiencia para que te ayude a mantener la congruencia en tus publicaciones y no se note que hay varias personas detrás de tu perfil porque podría confundir a tus seguidores.

2. Construye una base firme para tus torres

Habla desde la experiencia, de lo que has logrado, de los resultados obtenidos y no desde tu preparación académica. **Parte esencial del éxito de nuestra marca personal es la seguridad con la que nos proyectamos.** Y sí, que las personas conozcan que estamos preparados para ejercer nuestra profesión es bien importante, pero cuando hablas desde la experiencia, te proyectas como experto en lo que haces. Sin embargo, cuando hablas desde tu preparación académica, te muestras como alguien que desea validar y comprobar que sabe de lo que habla y necesita convencer a su audiencia de que lo que dice es real porque lo estudió. Esto pasa muchísimo en presentaciones, eventos, y también veo que infinidad de personas lo hacen a diario en sus vídeos y transmisiones en vivo. Te doy un ejemplo. Supongamos que buscas un especialista en *marketing* digital y ya que te topaste conmigo, me voy a presentar de dos formas distintas:

a. Saludos, soy Zuly Salas. Tengo un bachillerato en Comunicaciones, en Relaciones Públicas y Publicidad de la Universidad de Puerto Rico, Recinto de Río Piedras y una maestría en Comunicación y Educación de la Universidad Autónoma de Barcelona, España. Soy licenciada en relaciones públicas y especialista en *marketing* digital. ¿Cómo puedo ayudarte?

b. Saludos, soy Zuly Salas, especialista en *marketing* digital desde el 2012. Ayudo a profesionales de servicio a crear estrategias de *marketing* digital efectivas que atraigan más clientes potenciales calificados con menos esfuerzo y multipliquen sus ventas con menor inversión. ¿Cómo puedo ayudarte?

Ahora, te pregunto. ¿A cuál de las dos Zuly contratarías?, ¿a la que se presenta con su preparación académica antes de ofrecerte su ayuda o a la que te cuenta su experiencia y cómo te puede ayudar? Piénsalo y toma esto en cuenta para ti también. **Presentarte desde tu preparación académica puede estar cortándote las alas en vez de ayudarte a volar.**

Tu experiencia, proyección y seguridad son tus torres. Apóyate en ellas para construir tu marca personal.

3. **Necesitas una reina que te permita realizar movidas estratégicas…**

   …y, por lo tanto, necesitas una página web. Este es uno de los elementos más importantes para potenciar una marca personal:

   a. **Es tu portafolio:** Una página web te ayuda no solo a dar a conocer tus servicios, sino también a tener una compilación de todo tu trabajo. Puedes colocar enlaces directos (incluso, puedes pegar algunas publicaciones o enlazarlas directo a tus redes sociales). Por ejemplo, en mi página web zulysalas.com tengo mi biografía, mi blog, enlaces directos a mis redes sociales, el *playlist* de mi *podcast Marketing para Servicios*, elementos y plantillas descargables para captar leads, vídeos educativos, etcétera. Así, todo el que entre a mi página web puede tener una visión completa del trabajo que realizo.

   b. **Te da posicionamiento, voz y autoridad:** Dentro de tu página web puedes tener un blog en el que compartas artículos e información relevante más extensa y de valor para tu audiencia. Cuando colocas tu conocimiento en tu página a través de un blog, tienes la ventaja de que otras personas pueden aprender de ti, citarte y buscar tu opinión. Además, te ayuda a ganar prestigio y a darle fuerza a tu voz porque refleja tu experiencia, la seguridad y el convencimiento que tienes sobre el tema. No todo el mundo se atreve a poner su conocimiento por escrito en internet, y eso lo puedes usar a tu favor.

c. **Otras personas pueden utilizar tu información para solucionar alguna situación:** ¡Qué lindo es esto! Esta es mi parte favorita. ¿Tú sabes lo que es que una persona esté realizando una búsqueda de información en Google™ u otro buscador y aparezcas tú con tu artículo de blog respondiendo esa duda o pregunta? Es superlindo saber que tu conocimiento puede ayudar a los demás... Y lo mejor es que si una persona ya te encontró en una búsqueda y pudiste ser su solución, ya tuvo una conexión directa contigo y, por tal razón, es mayor la probabilidad de convertirse en tu cliente en el futuro y sin mucho esfuerzo.

d. **Puedes salir dentro de las primeras opciones de búsqueda:** Tú puedes colocar palabras claves dentro de tu página web (por ejemplo, en artículos de blog), que sabes que tus clientes potenciales están inclinados a buscar. A esto se le denomina estrategia de SEO (*search engine optimization*). Con una página web bien configurada y una estrategia de SEO bien hecha, tú puedes salir dentro de las primeras opciones de búsqueda en Google™ y otros buscadores. Esto te da una ventaja enorme ante la competencia que no tiene página web o no tiene la estrategia de SEO correcta.

e. **Te permite implementar estrategias de *retargeting* o remercadeo:** Esto me encanta y es otra de mis razones favoritas de tener una página web. ¿Qué es *retargeting* o remercadeo? Te voy a dar una explicación sencilla. ¿Alguna vez has buscado, por ejemplo, un zapato rojo en alguna tienda *online* y luego ese zapato rojo te sale por todas las redes sociales o páginas que visitas? Esas son estrategias de *retargeting*, que significa poner el artículo o servicio frente a las personas que ya se interesaron por él. La buena noticia es que no tienes que ser una megaempresa para poder hacerlo. Solo requieres tener una página web bien configurada y una cuenta de negocios en Google™ y en Meta™, la plataforma comercial para manejar anuncios en Facebook™ e Instagram™. Ambas plataformas proveen un código de seguimiento que instalas en tu web y puedes ir marcando o creando una audiencia de las personas que visitan tu página y las acciones que realizan en ella (si dieron clic, abrieron algún artículo de blog, descargaron algo, compraron, etcétera). Esto puedes utilizarlo para para crear audiencias según las acciones que toman los visitantes de tu página web y hacer anuncios que te ayuden a personalizar la experiencia de ese usuario o cliente potencial. Esa es la razón exacta por la que muchas personas me dicen que mis anuncios les salen por todas partes. Pero este secreto se queda entre tú y yo.

f. Aumenta el valor de tu negocio: Después de todo lo que mencioné, creo que esta es bien obvia. Cuando te muestras en internet, expones tu conocimiento y ayudas a otros a encontrar soluciones, tu negocio aumenta de valor. Una página web puede ser ese trampolín que necesitas para aumentar el valor de tu imagen y cómo otras personas te perciben (y esto también aumenta el valor de tus conocimientos y servicios).

4. Resguárdate en tus alfiles

Los recursos profesionales que te apoyan en tu estrategia de juego son tus alfiles. En este punto, tu alfil es el diseñador. Sácalo de su espacio y ponlo a moverse en tu tablero. Independientemente de que tengas o no los elementos de tu marca personal, consúltalos con un diseñador profesional. Si aún no has creado tu marca, estás justo a tiempo para tomar las decisiones correctas. Si ya la tienes creada, siempre hay una oportunidad para trabajar lo que llamamos *re-branding* y refrescar tu marca personal para optimizar tus resultados.

5. Pon tus peones en orden

Mantén constancia en tus nombres de usuario o *social media handle*. El nombre de usuario o *social media handle* es la forma en que te identificas y que las personas te encuentran en las redes sociales. Son tus peones, los que dan la cara, te presentan en primera fila y te hacen reconocible y accesible. Por ejemplo, a mí me consigues como @ZulySalasDigital en todas las plataformas. Esto ayuda a que la gente sepa que eres la misma persona en todas las redes sociales y logra que te consigan más rápido. Para verificar con antelación qué nombres de usuarios están disponibles, te recomiendo que utilices una plataforma como https://namechk.com/, en la que colocas el nombre de usuario que deseas y te analiza su disponibilidad en todas las plataformas sociales, incluso, para tu página web.

6. Prepara tus caballos para la acción

Utiliza buenos *hashtags* para tu marca, tus caballitos de batalla en el *marketing* digital. Los # *hashtags* son etiquetas que colocamos en nuestras publicaciones de algunas plataformas sociales (como Instagram™ y TikTok™) y nos ayudan a difundir nuestro contenido a personas interesadas en ese tema. Juegan un rol importante en el posicionamiento de nuestra marca ante clientes potenciales. Algo que debes tener presente es que los *hashtags* que utilices deben estar directamente asociados con lo que haces o lo que busca tu audiencia. Te recomiendo que investigues en cada red social cuáles son los más buscados dentro de tu industria, para difundir tu contenido y tu marca correctamente. Recuerda que su propósito es colocar tu contenido frente a clientes potenciales, así que utiliza los *hashtags* que cada plataforma te recomiende cuando escribes tu contenido para que puedas lograr los resultados que buscas y #EvitaCrearHashtagsLargosQueNadieBuscará y cabalga manteniendo la presencia y el paso fino de tus caballos.

**Si no tienes todas las piezas,
no puedes comenzar el juego.**

Enfoque Digital

1. Si aún no tienes una marca, pídele a tu asistente virtual de inteligencia artificial o generador de textos favorito:

    a. que te ayude a investigar los colores, el concepto y el tono adecuado para llevar el mensaje de tu marca.

    b. que investigue marcas en tu país similares a la tuya y comparta contigo sus principales hallazgos en cuanto a la imagen corporativa.

2. Si ya tienes tu marca, pídele que realice un análisis de tu marca actual para saber si tienes los colores y elementos correctos.

¡Trabajemos en tu negocio!

Ahora que conoces los beneficios de preparar tu tablero de juego y tener una marca personal, te invito a que vayas a tu manual de trabajo y verifiques aquellos elementos de marca que tienes, que están en proceso o que necesitas crear o revisar.

zulysalas.com/mijaquemate

Para descargar el manual,
escanea el código o visita el enlace.

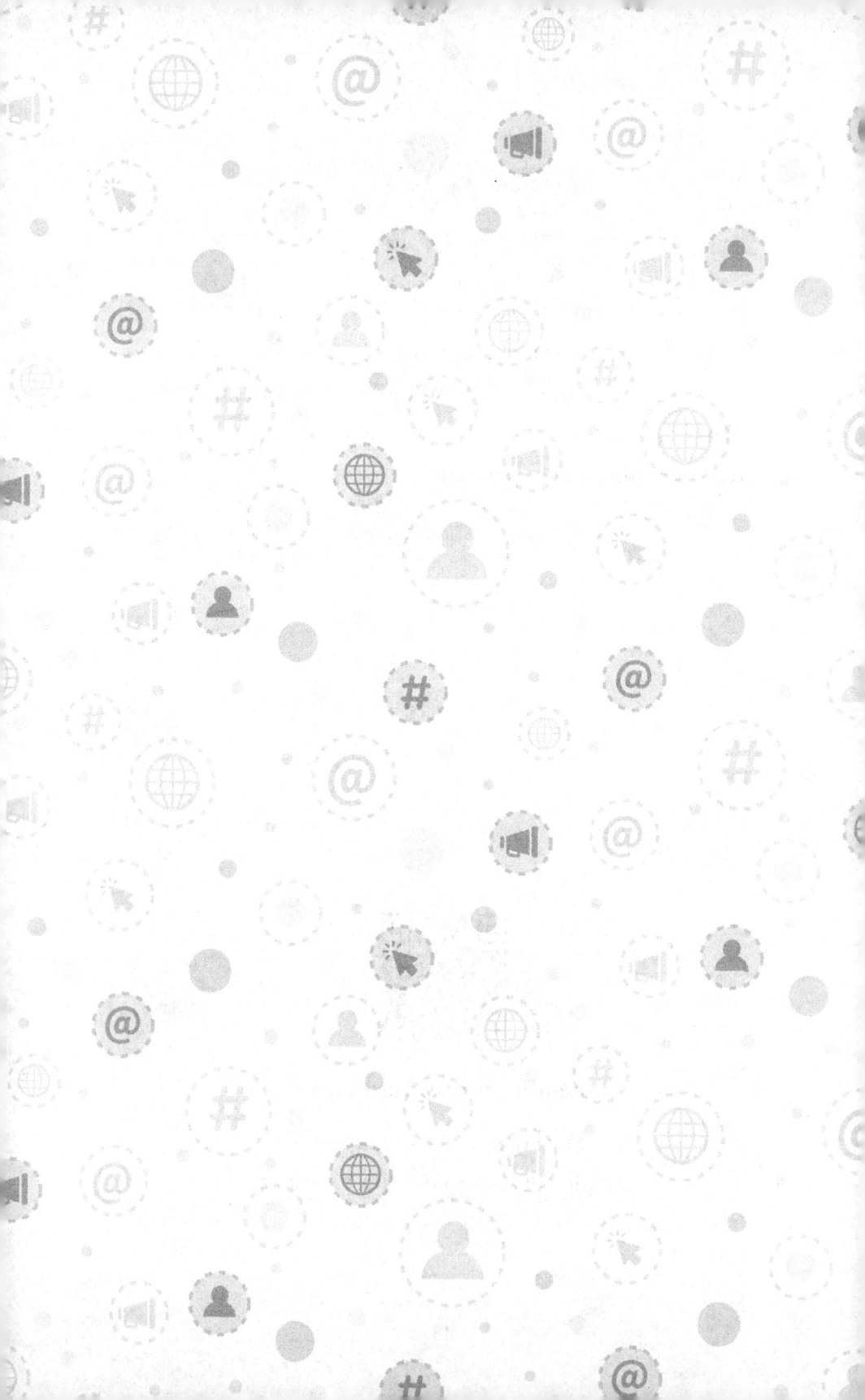

Movida 2

Diseña tu estrategia de juego:

planifica para mantener
la ventaja dentro del mercado

José y María se acaban de conocer a través de una aplicación de citas. Llevan hablando unos cuatro o cinco días y deciden verse por primera vez, así que cuadran un encuentro en un café. María llega con muchos nervios a conocerle con la única intención de tener una conversación informal y ¡zas! José saca un anillo de compromiso y le propone matrimonio. ¿Qué piensas que hizo María?, ¿qué crees que le respondió? De seguro debes estar pensando que salió corriendo o que le dijo que no. ¿Por qué? Porque no es algo normal, porque suena extraño, ¿verdad? Como diríamos en Puerto Rico: «Ahí hay gato encerrado». Lo más seguro estás pensando que José estaba tramando algo raro porque nadie se enamora a tal punto de pedir matrimonio a alguien en la primera cita y a quien conoce hace escasamente unos días.

Normalmente, cuando conoces a una persona en una aplicación de citas, comparten unos mensajes, se hablan por teléfono, luego se encuentran en un espacio público, van a un par de citas y, si hay química, continúan con los próximos pasos para entablar una relación, conocerse más, llegar al noviazgo y, finalmente, al matrimonio. **Es todo un proceso: conocer a la persona, desarrollar confianza, enamorarla, entablar una relación y, finalmente, llegar al compromiso.**

¡Toda una estrategia!... igual que en el juego de ajedrez y en el *marketing* digital. Lo único que, en vez de «enamorar», lo que buscamos es destacarnos con nuestros anuncios para llamar la atención del rey, nuestro cliente ideal. De igual forma debes desarrollar la estrategia de juego y saber los movimientos claves que deberías realizar para enamorarlo y ganar la partida.

Si quieres llegar a tu rey, es importante que lo conozcas a fondo y analices sus movidas para sorprenderlo y, en el momento en que más necesite de ti, estar ahí, frente a él, presentando tus soluciones a sus problemas. Esto es el jaque mate maestro.

¿Qué crees que pasaría si decides actuar como José e intentas vender tus servicios a tus seguidores tan pronto te conocen o te descubren en las redes sociales?, ¿crees que te comprarían de la primera o harían como María y saldrían corriendo? Las ventas *online* son procesos que implican conocer y desarrollar confianza y, al igual que en el ajedrez, debes planificar tus movidas y ejecutarlas a través de una estrategia de contenido y anuncios que brinden soluciones a los problemas de tu cliente ideal.

Algo que les pasa a muchos empresarios es que cuando comienzan un negocio, suelen abrir sus cuentas en las redes sociales y comienzan a publicar, pero ¿publicar qué? Esa es la pregunta y pocos conocen la respuesta. Primero, esto no se trata de publicar por publicar. Aunque sí, técnicamente, lo puedes hacer si lo que deseas es crear contenido general sin importar los resultados que te brinde, pero **si lo que deseas es crear contenido que conecte y enamore a tu cliente ideal para poder venderle, tienes que tener un plan de acción:** una estrategia con esas movidas que realizarás para llegar al rey, que te ayude a encaminarlo desde que te descubre hasta convertirlo en tu cliente.

¿Por qué es necesario tener una estrategia?

Constantemente digo que vender servicios es más complejo que vender productos, puesto que los productos son tangibles y los puedes llevar a casa, mientras que los servicios, al ser intangibles, muchas veces se pueden ver como algo que «yo puedo hacer», algo que «no necesito al momento» o algo que «puedo dejar para después», como por ejemplo, el que aprendas a maquillarte o a arreglar tu cabello para poder hacerlo tú si tienes alguna actividad; el servicio de contabilidad para negocios que haces tú porque entiendes que no lo necesitas en ese momento o la asesoría o consulta de productividad y manejo de tiempo que sabes que necesitas para organizarte e impulsar tu negocio, pero que piensas que puede esperar para más adelante.

La realidad es que vender tus servicios es más sencillo de lo que parece, siempre y cuando utilices la estrategia correcta.

Es crucial que sepas lo que deseas lograr para que puedas enfocar tu contenido y tus anuncios. Es tu responsabilidad ganar la confianza de tus seguidores, pero si lo haces sin una estrategia, puedes perderte en el camino o confundir a tu audiencia sobre lo que deseas comunicar exactamente. El diseño de una estrategia guía tus movidas hasta hacer el jaque mate: te ayuda a avanzar para ganar la atención de tu cliente potencial, llevarlo paso a paso por ese proceso de conocerte y entablar una relación para que cuando llegue el momento de presentar tu oferta, sienta confianza en ti y en tu marca, lo que le facilitará el proceso de compra.

¿Cuáles son los beneficios de tener una estrategia de juego?

1. Te ayuda a ser constante

Tener un plan de contenido y anuncios te ayuda a mantener la constancia. En las redes sociales, ser constante es una de las prácticas más importantes que debemos implementar para alimentar el algoritmo. ¿Y qué es el algoritmo? Es una serie de reglas y fórmulas matemáticas que utilizan las redes sociales para personalizar la experiencia de cada usuario, de manera que el contenido que vea sea relevante según sus intereses. Para lograrlo, el algoritmo toma en cuenta el comportamiento de cada usuario en la red social.

¿Cómo lo hace? Te lo explico de una forma sencilla: si estuviste navegando en las redes y te interesaste por una publicación de un auto en oferta, le estás dando información instantánea a esa red social de que posiblemente estás en busca de un auto nuevo, por lo que inmediatamente comenzará a mostrarte otras publicaciones similares, ya que su función principal es priorizar el contenido a base de tu probabilidad de interactuar con él. (La diferencia **básica** en cómo se distribuye el contenido a través del algoritmo y el remercadeo de tus anuncios es que este último es pagado. El algoritmo decide a quién mostrarle tu contenido, con el remercadeo lo decides tú y, por lo tanto, alcanzas más clientes potenciales). Es importante tener en cuenta que los algoritmos están siempre en constante evolución, lo que hace que el contenido que se muestra en tu *feed* sea dinámico, cambiante y relevante al momento que te encuentras viviendo.

En las redes sociales de tu negocio, el algoritmo se alimenta de tu audiencia y su interacción contigo para decidir a qué otras personas les mostrará tu contenido.

Si muchas personas interactúan con tu contenido, significa que es llamativo, interesante y relevante para tu audiencia, por lo que la red social entenderá

que tu contenido es tan bueno que debe mostrárselo a más personas.

Hay redes sociales, como Facebook™, que le dan un mayor peso al contenido de familiares y amigos versus al contenido que posteamos los negocios, lo que hace mucho más difícil el que nos puedan ver. Quizás has pasado por la típica experiencia que, teniendo una página de negocio en Facebook™, cuando publicas el contenido en tu perfil personal, más personas reaccionan e interactúan con él. Esto no es por pura casualidad. Es culpa del algoritmo y de las relaciones que creamos con nuestros familiares y amigos que, definitivamente, son relaciones mucho más cercanas que las que podemos crear con un negocio. Pero, aunque los perfiles sociales personales puedan darte buenos resultados, lo correcto es que utilices tus perfiles de negocio siempre que sea con fines comerciales, ya que te proveen estadísticas y configuraciones especiales para poder darles seguimiento a las personas que ya se interesaron por tu contenido. **Para lograr que más personas puedan ver lo que *posteas*, asegúrate de tener un plan que te permita ser constante y publicar por lo menos dos o tres días a la semana (dependiendo de tu industria).** Realiza siempre tus publicaciones en la página de tu negocio y, si deseas que tus amigos las vean, solo tienes que compartir la publicación de tu negocio en tu perfil personal.

2. Te ayuda a alcanzar tus objetivos

Tener una estrategia te ayuda a saber con anticipación qué necesitas lograr. Supongamos que tienes un nuevo paquete de servicios para el que buscas diez clientes. Como referencia, para ventas *online* esperamos que al menos entre el 1% y el 5% de las personas que visitan tu página de venta realicen la compra. Así que, para lograr ese objetivo de diez nuevos clientes, deberás mostrar tu página de venta con tu oferta a entre 200 y 1,000 clientes potenciales. Pero ¡ojo!, me refiero a la página de venta. Para que esa cantidad de personas visite tu página de venta, tu anuncio deberá mostrarse a muchas más (entre 20,000 y 100,000), ya que esperamos que, de la audiencia total que ve el anuncio, entre el 1% y el 2% haga clic en él. Si 20,000 personas vieron tu anuncio, 200 lo presionan y llegan a tu página de venta, deberás recibir un mínimo de 2 compras si el 1% toma acción, pero si el 5% toma acción, ya tendrás tus primeros 10 clientes. No obstante, como no todas las páginas de venta llegan a ese 5% de conversión, debemos siempre calcularlo al 1% para ir a la segura. **Cuando tienes tus números y tus objetivos de venta claros, puedes crear el contenido y los anuncios correctos para lograrlos.**

3. Te ayuda a dar el seguimiento adecuado a tu audiencia

Ya sea que tus clientes potenciales acaban de descubrirte, te conozcan un poco o mucho, tener una estrategia te ayudará a saber qué contenido (y qué anuncios) debes colocar frente a cada uno de ellos, lo que te permitirá continuar moviendo tus fichas para que conecten contigo, ganes su confianza y se conviertan en clientes.

4. Ayuda a que tu comunidad crezca con seguidores calificados

Cuando conoces a fondo a la audiencia a la que te dirigirás, ya no perderás más el tiempo creando contenido que no va atado a lograr tus objetivos (y tampoco dirigiéndote a las personas que no son tu cliente ideal).

Ahora, para que puedas disfrutar de todos estos beneficios que te brinda el tener una estrategia de juego, tienes que tener una estructura con todos los elementos necesarios para ejecutarla correctamente. ¿Qué es lo que necesitas? Te lo cuento a continuación:

Elementos imprescindibles para desarrollar tu estrategia de juego

1. Tienes que saber quién es tu cliente ideal y tenerlo bien definido para saber cómo redactar tu contenido y tus anuncios.
2. Necesitas compartir contenido de valor, que lleve a tu cliente ideal de la mano, desde que te descubre hasta que realiza la compra.
3. Debes tener objetivos claros sobre tu contenido y tus anuncios (lo que deseas lograr y cómo vas a lograrlo).

a. Esto puede ser:
- Ganar posicionamiento o autoridad, educar, informar, generar mayor interacción, ganar reconocimiento de marca, conectar con tu audiencia, humanizar tu negocio, crear confianza, ganar más alcance, etcétera.

4. Necesitas tener claro tu *unique selling proposition* (USP) o proposición única de venta. Esto no es otra cosa que lo que te distingue de la competencia, lo que hace único tu servicio. Quizás tú te destacas por brindar un servicio más personalizado, más rápido o de mayor calidad. Quizás tu proposición única de venta es flexibilidad de horario para que te puedan contactar las personas que necesitan consultas fuera de horas laborables. Hay tantas propuestas únicas de venta como negocios. **Si aún no sabes qué es eso que te distingue de tu competencia, necesitas comenzar a trabajar en ello para que puedas destacarte ante los demás.**

    a. Te doy mi ejemplo: Hay diversidad de agencias de mercadeo, sin embargo, agencias de mercadeo que provean un servicio personalizado, individualizado y en corto tiempo: no hay muchas. Trabajo con pocos clientes a la vez porque mi deseo es brindar un servicio de calidad, con atención personalizada y en poco tiempo. Además, cuento con preparación especializada y sobre 10 años de experiencia en la industria. Tú vas a tener a tu lado a una especialista con la preparación y experiencia suficientes para generarte excelentes resultados y brindarte un servicio de calidad y personalizado en corto tiempo. **Tener claro mi USP me ayuda diferenciarme y a proyectarme de la forma correcta ante mi cliente ideal para que pueda ver de antemano el valor adicional del que se puede beneficiar su negocio.** También, le ayuda a saber que mis precios no van a competir con otras agencias de mercadeo que quizás no proveen ese servicio especializado, personalizado y en tan corto tiempo.

Ahora, te pregunto: ¿qué es lo que te diferencia de los demás? Piénsalo bien. Es tu pieza clave. Será tu carta de presentación y venta ante tu cliente potencial.

Consejos que nadie te dio para diseñar tu estrategia y mantener la ventaja dentro del mercado

1. Tienes que tener un plan, pero no es necesario planificar tanto contenido de antemano

Algunas cosas que nos suelen decir es que debemos planificar nuestro contenido con tiempo y que en unos días puedes preparar y dejar programadas decenas de publicaciones para varios meses. Sin embargo, el mundo digital (y la vida personal) son muy cambiantes. Programar mucho contenido con anticipación solamente logrará causarte más trabajo a largo plazo. Mi recomendación es que lo trabajes mes a mes, con miras a los objetivos futuros. ¿Por qué? Por experiencia propia. Antes solía programar muchísimo contenido para mí y para mis clientes para no tener que preocuparme por eso en varias semanas. Luego surgían cambios en tendencias, nuevos eventos, desastres naturales —y hasta pandemias— que cambiaban por completo lo que se iba a publicar esa semana o ese mes. Pensaba que programar con anticipación iba a traer un respiro a mi vida, sin embargo, luego tenía que ponerme a reprogramar o sustituir el contenido por algo más relevante o por la nueva tendencia que se avecinaba.

2. **Mi segunda recomendación es que planifiques y pienses en lo que te gustaría compartir durante ese mes, pero que trabajes tu contenido semana a semana o bisemanal**

Puedes sacar un rato todos los lunes (o lunes alternos) y planificar el contenido de todos los días siguientes. Ahora, si quieres tener contenido de antemano, asegúrate de que sea en serie o contenido *evergreen* (que no caduca) para que puedas utilizarlo en cualquier momento, por ejemplo, publicaciones relacionadas a consejos y recomendaciones que sabes que seguirán vigentes por los próximos meses. Si crees que ese contenido puede cambiar en unas semanas o meses, no lo planifiques tanto de antemano porque cuando te toque compartirlo, posiblemente ya habrá caducado.

Enroque Digital

Pídele a tu asistente virtual de inteligencia artificial o generador de textos favorito que te ayude a investigar algunas promesas únicas de otros negocios como el tuyo para que puedas tomar idea de qué podrías hacer para diferenciarte.

¡Trabajemos en tu negocio!

Busca tu manual para que trabajes en tus objetivos para los próximos tres meses y en tu promesa única de venta.

zulysalas.com/mijaquemate

Para descargar el manual,
escanea el código o visita el enlace.

Movida 3

Convierte tus peones en reyes:
transforma seguidores en clientes ideales

El peor error que cometí cuando comencé mis redes sociales

La primera vez que tuve redes sociales como emprendedora no establecí la audiencia correcta. También, tenía la idea errónea que tiene la mayoría de los emprendedores de que necesitan tener muchos seguidores para demostrar que tienen un negocio «rentable» y «validar» su éxito a través del tamaño de la audiencia, así que me tiré la maroma que muchos se suelen tirar: invité a todos mis familiares y amigos a seguirme en las redes sociales.

¡Qué mucho nos gusta invitar a todos nuestros familiares, amigos y conocidos a que sigan las redes sociales de nuestro negocio! Nos encanta que nos recomienden y, cuando comenzamos, queremos que todo el mundo sea portavoz de nuestra marca. ¡Te puedo contar todo lo que he visto!... incluso sobre mí, jajajajaja. 😂 Cuando lancé mis primeras páginas como *social media manager*, sentía una emoción y una euforia que no puedo ni describírtelas. Quería comerme al mundo con ese *post* inicial en mi perfil personal, en el que les dejé saber a todos mis familiares y amigos que por fin me había lanzado en el mundo del emprendimiento y que tenía un negocio. Bajo la emoción de esos primeros días, quería que todos apoyaran y siguieran mi negocio en las redes sociales.

Cuando comenzamos un negocio y lanzamos sus perfiles sociales, lo primero que pensamos es en aumentar la cantidad de nuestros seguidores e invitar a todos nuestros conocidos, sin saber que, al hacerlo de esta forma, puede ser más perjudicial que beneficioso para nuestro emprendimiento.

Tengo que confesar que hasta me desilusioné un poco con todos aquellos que no siguieron mis perfiles al inicio. ¿Tú sabes lo que es tener un proyecto de vida, un negocio y que algunos amigos lo vean y no te den *follow* o *like*? ¡Qué frustrante! Sin embargo, a todos ustedes que no me siguieron al inicio porque no les interesaba el tema, ahora solamente tengo algo para decirles: **¡GRACIAS!** Y lo digo así, en ***bold*** y mayúsculas, porque aun sin saberlo, me hicieron un gran favor. Honestamente, no sabía en lo que me estaba metiendo con eso de querer que todos mis amigos y familiares me dieran *like* en Facebook™. Lo que hice fue un error. Pero como sabes, en todo trabajo se comienza sabiendo menos y se va aprendiendo en el proceso. Ahora te explico el porqué:

Como te comenté anteriormente, **el algoritmo de redes sociales como Facebook™, Instagram™, entre otras, se alimenta de las características de tu audiencia actual para decidir a qué otras personas les presentará tu contenido.** Por lo tanto, al haber invitado a mis familiares y amigos a darme *like*, solamente estaba «contaminando» mi algoritmo. Sin darme cuenta estaba saboteando mi propio negocio, ya que, al invitarlos a seguirme, estaba alimentando mi algoritmo con la audiencia incorrecta. Un negocio que estaba comenzando, ya estaba predispuesto a tener problemas y fracasar con sus anuncios. Y, ¿sabes qué?, pasó. Los resultados de mis estrategias y mis anuncios se vieron afectados por mucho tiempo. Mis primeros anuncios fueron un fracaso total. Parecía que le estaba hablando al aire porque no recibía ninguna respuesta. Hasta llegué a pensar que nunca debí dedicarme a esto. Dirigirte a la audiencia equivocada afectará grandemente los resultados de tus anuncios porque tu mensaje no tendrá ninguna relevancia para ella. Eso fue precisamente lo que me pasó cuando invité a todos mis familiares y amigos a seguirme en las redes sociales… y claro, por más que lo intentaba, no lograba concretar las ventas que necesitaba.

Como empresarios, tenemos que saber aprender de nuestros errores. Afortunadamente, este error tenía una solución: **enfocarme en desarrollar la audiencia correcta, con seguidores calificados desde ese momento en adelante.**

Dicen por ahí que la práctica hace al maestro y hoy quiero contarte todo lo que hice para ganarle al algoritmo, hacer crecer mi audiencia ideal y remediar el error que cometí.

Cómo desarrollé una comunidad poderosa

No te voy a negar que al principio fue bastante difícil lograr entender por qué no estaba vendiendo mis servicios.

La realidad es que cuando comencé, no había toda la información que existe hoy y yo tampoco tenía la experiencia suficiente como para notar que mis resultados nefastos eran por dirigirme a la audiencia equivocada. Como te comenté, **yo también tenía esa idea falsa de que tener muchos seguidores era lo que determinaba el éxito de un negocio.**

Aunque quizás tu negocio pueda dirigirse a múltiples audiencias o nichos no puedes hablarle a todo el mundo a la vez y debes conocer a fondo quiénes son esas personas específicas a las que vas a dirigirte con tu contenido. Un **nicho** es un grupo de personas que comparten intereses similares, por ejemplo, los contables o los *coaches*. Ambos venden servicios, pero los intereses de un contable no son los mismos que los de un *coach*. Por lo tanto, ambos grupos pueden ser considerados nichos aparte.

Cuando me preguntaban quién era mi cliente ideal, solía decir: «Todo el que tenga negocio». Para mí, el simple hecho de que tuvieras un negocio ya te convertía en mi cliente ideal (y obviamente no era así). Aunque yo quisiera, no todo el que tenía negocio podía ser mi cliente, puesto que no todos los negocios cuentan con el presupuesto o tienen la necesidad de contratar un recurso externo que les maneje sus estrategias digitales, mes a mes.

En ese intento de querer definir mi cliente ideal hasta les hice caso a las recomendaciones de mis familiares y amigos (que no sabían nada de mercadeo): «Si yo fuera tú, no me corto las alas escogiendo un nicho y le hablo a todo dueño de negocio. Si venden productos o servicios es lo de menos, que te contraten para ambas cosas».

Entonces me lancé. Decidí comenzar a crear contenido general sobre *marketing* digital para negocios para que pudiera aplicar a cualquier industria. Así mismo comencé a realizar mis anuncios, dirigiéndome a todo dueño de negocio y los tropiezos no tardaron en llegar. Llegaron donde mí tanto personas que tenían tiendas *online*, que no estaban generando ventas, como vendedores de autos y profesionales, que necesitaban estrategias para agendar más consultas, etcétera. Cada uno de estos clientes potenciales tenían necesidades completamente distintas y ¡claro que les podía ayudar!, pero si creaba una publicación o un anuncio enfocado en cómo generar más ventas con tu tienda *online* (por ejemplo), esto no le aplicaba en nada al vendedor de autos ni al profesional que necesitaba agendar más consultas. Me vi en una encrucijada al no saber qué problema resolver primero a través de mis publicaciones y debía tener presente que tenía que proveer soluciones para todos. **Al querer dirigirme a todo el mundo, no le estaba hablando a nadie, pues era bien difícil lograr que todos se sintieran identificados con un contenido tan genérico.**

Tuve que tomar una decisión. ¿A quién realmente iba a ayudar?, ¿en qué audiencia iba a poner mi enfoque? Tardé unos meses en definirlo, pero finalmente descubrí que mi mayor pasión es poder ayudar a otras personas que, al igual que yo, proveen servicios de forma independiente, ya sea desde la casa u oficina y que se centran en proveer sus servicios de forma virtual, como «coaches», abogados, consultores, psicólogos, entre otros.

Una vez decidí que mi nicho principal serían los profesionales de servicio, logré enfocar mi contenido específicamente en sus necesidades y en resolver sus problemas, en vez de continuar tocando temas generales de mercadeo para negocios. Al realizar este cambio, logré que los profesionales de servicio se sintieran mucho más identificados con mi contenido y mis anuncios, lo que me permitió encontrar más reyes con menos esfuerzo.

Si en este momento te sigues preguntando por qué no vendes, aun si tienes muchos seguidores y creas contenido y anuncios constantemente, tal vez puedes estar pasando por esta misma situación en la cual no te estás dirigiendo a la audiencia correcta y estás llegando al rey equivocado. Para que puedas comenzar a llegar a tu rey ideal, comparto contigo estas recomendaciones que, precisamente, fue lo que hice para encontrar más reyes dispuestos a contratar mis servicios:

1. Crea tus avatares

Este es un análisis que debes realizar antes de comenzar a crear contenido y anuncios en tus redes sociales para asegurarte de que lo estás haciendo correctamente. Hay muchos emprendedores que comienzan a crear contenido sin tener definido sus avatares y luego desarrollan la comunidad equivocada. ¿Y qué es un **avatar**? Es el perfil de tu cliente ideal, una descripción detallada de la audiencia principal de tu negocio. En la industria del *marketing* también suelen llamarlo «mercado meta», «público objetivo» o «*buyer* persona», pero, para efectos nuestro, lo llamaremos «avatar» o «audiencias».

Supongamos que tienes un salón de belleza. Podemos entender que te diriges a mujeres como audiencia general, pero dentro de este grupo de mujeres existen pequeños grupos o nichos con necesidades más específicas. Por ejemplo, están las jóvenes de 15 a 19 años que quizás están buscando un peinado o maquillaje para su fiesta de 15 años o *senior prom*. Le siguen las mujeres de 20 a 27 años que pueden estar buscando algún cambio de *look* para alguna nueva temporada en su vida. Están las que tienen entre 27 a 40 años, que buscan teñir el cabello para ocultar las canas (aquellas que así lo desean). Luego de esa edad, la tendencia son los servicios «anti-aging» o rejuvenecedores. **Así de específica debe ser tu segmentación para que puedas hablarle al nicho correcto al que deseas comunicarle tu servicio.**

Para definir tu avatar, asegúrate de conocer los rangos de edades, las áreas geográficas en las que viven tus reyes o clientes ideales, los gustos e intereses particulares que puedan tener, las marcas que consumen, el horario de trabajo, momentos especiales que están viviendo (si están próximos a cumplir años, a casarse, etcétera) y muy importante: el horario de estar en la casa para que puedas programar tu contenido y tus anuncios en esos horarios pico. Piensa en cómo se expresan, en cómo les debes hablar… imagina que es un amigo o familiar cercano que necesitas describir al detalle. Estoy segura de que si te pregunto si podrías describir a tu mejor amigo, amiga, o algún hermano o hermana lo sabrías hacer a la perfección y con cada detalle, incluyendo sus rutinas, sus gustos e intereses, las marcas que consume, dónde trabaja, dónde vive, etcétera. Eso es lo mismo que necesitas saber al momento de identificar a tu rey y crear los avatares para tus redes sociales. Esto te ayudará a compartir el contenido apropiado y hablarle de la forma correcta. Así mismo, debes segmentar tus anuncios al momento de crear campañas porque no puedes hablarle a todo el mundo ni pedirle que te siga en las redes sociales. Tu enfoque principal debe ser desarrollar una comunidad calificada. **Pocos seguidores de calidad son mucho más importantes que miles de seguidores que no están inclinados a comprar.** Recuerda que *el algoritmo de las redes sociales se alimenta de tu audiencia actual para presentarle tu contenido a personas nuevas.* Si tienes miles de seguidores que no son los correctos, no puedes esperar los mejores resultados.

2. Crea contenido intencional

Una vez tuve un cliente de seguros de vida que tenía unos perfiles sociales deslumbrantes. Se veían bien profesionales, limpios y organizados. Definitivamente, quien le trabajaba la imagen de marca lo estaba haciendo estupendamente bien. Sin embargo, aunque su contenido era visualmente atractivo y llamaba mucho la atención, no estaba logrando los resultados que deseaba. Él tenía sobre diez mil seguidores y un alto porcentaje de interacción. Sus publicaciones recibían muchos comentarios y reacciones, sin embargo, estos resultados no se transformaban en ventas. Llegó a mí con la duda y con mucha frustración porque estaba pagando un dineral para que le manejaran sus redes sociales y no estaba viendo el retorno de su inversión. Cuando analicé sus perfiles, me di cuenta de que su contenido, aunque visualmente llamativo, hablaba todo el tiempo de lo mismo: qué es un seguro de vida y los tipos de seguro de vida que podían obtener. ¿Cuál era el error? Una vez la persona conoce lo que es un seguro de vida y cuáles paquetes puede obtener, ya no necesita saberlo más. Por esta razón, aunque estaba generando interacción por sus diseños llamativos, no estaba conectando con la audiencia. En esa sesión de consulta diseñamos un plan y desarrollamos una nueva estrategia de contenido intencional enfocado en las necesidades de su audiencia, lo que redundó en cinco nuevos clientes semanales para su aseguradora y, como las personas comenzaron a responder mejor a sus contenidos, más adelante le desarrollamos una estrategia de anuncios con embudos de venta para maximizar los resultados. ¿Qué es el embudo de venta o el trayecto del cliente? Básicamente, **un embudo de venta o el trayecto del cliente** es el proceso por el cual pasa tu cliente potencial desde que descubre tu negocio hasta que se convierte en cliente. Se llama «embudo» porque a medida que los clientes potenciales avanzan en el trayecto, algunos se van quedando fuera, y aquellos que llegan hasta el final están más dispuestos a realizar la compra. Quizás, cuando tu cliente potencial te descubre, solo sabe que tiene unos «síntomas» o «problemas» que necesita resolver. En su movida de búsqueda de información es donde debes estar tú para llevarlo de la mano, manejar sus objeciones y aclarar sus dudas para que pueda tomar esa decisión de compra de tus servicios.

Si deseas que tu audiencia se sienta identificada, **tu contenido tiene que ser intencional. No vas a lograr los resultados que buscas si creas contenido genérico, que no va atado a cubrir una necesidad o que no es parte de una estrategia sólida.** El propósito principal de tu contenido siempre debe ser lograr que tu cliente ideal siga conociéndote y conectando contigo, que interactúe o realice alguna movida específica, ya sea que le de *like*, lo comparta o llame a tu negocio para saber más sobre tus servicios o cómo puedes ayudarle.

3. Interactúa con tu audiencia

Parte importante del crecimiento de la audiencia es la interacción que nosotros tenemos con ella. Una vez tuve una clienta de la industria de bienes raíces que quería desarrollar relaciones más cercanas con su audiencia para que se sintiera en total confianza de hablar con ella y hacerle sus preguntas. Una de las recomendaciones que le di para lograr ese objetivo fue utilizar las historias o *stories* de Facebook™ e Instagram™ para interactuar con su audiencia, de modo que fuera creando y fortaleciendo esas relaciones poco a poco. Utilizar los *stories* era algo a lo que se negaba rotundamente porque no se sentía cómoda hablándole al celular. Una vez superada su incomodidad, mi clienta empezó a utilizar los stories como parte de su rutina de trabajo y comenzó a notar que más personas respondían a su contenido con interés de comprar. Algo que me encanta resaltar de esta anécdota es que **su audiencia no solo se le acercaba con ese interés de compra, sino que estaba pendiente a sus *stories*.** Muchos le comentaban que sentían que era como su «amiga» y que la conocían desde hace mucho tiempo porque la veían constantemente en las redes.

Cuando utilizas los *stories* para interactuar con tu audiencia, mostrar parte de tu rutina de negocio o de tu día a día, creas vínculos y relaciones más cercanas con ella, lo que la lleva a conectar mejor contigo, a que te escriba y te contacte. Todo esto por algo tan sencillo como interactuar.

4. No te olvides de contestar sus mensajes y comentarios

Si algún seguidor se tomó el tiempo de dejar un comentario o enviarte un mensaje, lo menos que puedes hacer es contestarle, darle las gracias o proveerle el seguimiento que amerite. Contestar esos mensajes es crucial para comenzar a cultivar una relación más cercana con tu audiencia. Aclara sus preguntas y dudas: esto va a ayudarle a tomar su decisión de compra con mayor facilidad. **No importa si el mensaje es bueno o es malo, lo tienes que responder.** Si es bueno, agradécelo o respóndelo públicamente. Ejemplo: ¡Gracias por tu mensaje/apoyo/*review*! Estamos felices de ayudarte.

Por el contrario, si es un mal comentario trata de responderlo deseando ayudar y moviendo la conversación al *inbox*. Ejemplo: «Saludos, (nombre de la persona), lamentamos la situación que ha tenido. Para nosotros, la calidad de nuestros servicios y la satisfacción de nuestros clientes son lo más importante. Le estaremos enviando un mensaje a su *inbox* para dialogar al respecto y ver cómo podemos ayudarle a (solucionar la situación/mejorar la experiencia, etcétera)». Esto es importante no solo para la persona que tuvo la mala experiencia, sino para que tus demás seguidores vean que genuinamente te preocupa su satisfacción con tus servicios y sientan mayor confianza en contratarte.

Te presento unas recomendaciones que debes tener siempre en mente al momento de aumentar tu comunidad, pero ahora te tengo una noticia:

Así como evitar perder tus piezas en el juego no te asegura la victoria, tener muchos seguidores no te asegura tener muchas ventas

Quiero contarte una historia de mis comienzos que me dolió muchísimo. Quizás, llevaba unos seis a ocho meses trabajando por cuenta propia y pertenecía a un grupo de *social media managers* en el que uno de sus miembros compartió el siguiente mensaje: «La agencia XYZ Tours en Orlando está contratando servicios en marketing digital». Yo, muy dispuesta a comerme el mundo, no dudé en contactarles. Tenía en cuenta que todos mis clientes en ese momento eran pequeños empresarios y vería el oro caer si me contrataba una agencia de viajes tan reconocida. Los llamé y les dejé saber mi deseo de enviarles una propuesta, y me dieron el número de teléfono del encargado para llamarlo personalmente.

Soy introvertida. Sé que es algo difícil de creer porque me ves mucho en vídeos y en las redes sociales, pero es parte de los sacrificios que tenemos que realizar cuando tenemos una marca personal. Honestamente, además de grabar frente a otros, no hay nada que me cause más terror que realizar una llamada a alguien que no conozco o con quien no he tenido la oportunidad de conversar, al menos digitalmente. Ese día saqué el valor y lo llamé. Le expliqué que deseaba presentarle una propuesta a raíz de su solicitud y le pregunté qué servicio buscaba. Recuerdo claramente que dentro de los servicios que le estaba proponiendo, estaban el desarrollar una página de captura (para captar *leads* de clientes potenciales), que la podíamos *pixelar* (colocarle el código de seguimiento de Meta™) y luego hacer anuncios de remercadeo y hasta le ofrecí configurarles un *chat-bot* para contestar mensajes, que para ese tiempo estaban super de moda.

Entonces, para mostrarle un ejemplo de lo que le estaba diciendo, lo envié a una página de captura que tenía para mi negocio. Esa página de captura estaba enlazada con un *chat-bot* a mi página de Facebook™ y lo invité a registrarse para que pasara por todo el proceso del embudo de ventas que le estaba sugiriendo. Él estaba fascinado y me dijo que eso era justamente lo que necesitaba. Luego entró a ver mis perfiles sociales y escuché un suspiro, seguido de un comentario sin ningún tipo de pudor: «¿Tú has visto mis perfiles sociales? Yo tengo sobre 67 mil seguidores, ¿y tú me quieres decir que con los 700 que tienes, quieres venir a manejarme las mías? Uno tiene que ser reflejo de lo que vende. Mírame (tú)- a mí». Continuó su comentario en tono de burla con un *«Déjame darte un "like" para ayudarte»*. Terminó sin dejarme hablar: «Mira. Yo soy una persona ocupada y no tengo tiempo pa' perder. Llevo contigo más de 20 minutos en el teléfono y has sido la persona que mejor me ha explicado las cosas, pero con 700 seguidores en tu página no me interesa hacer negocios contigo. Lo más que puedo hacer es ofrecerte que trabajes conmigo por comisión por dos o tres meses. Si vendes, cobras. Si no, no cobras nada. Y si logramos los resultados, entonces te contrato».

Nunca me dejó hablar. Nunca me dejó explicarle nada. Me quedé fría, mirando hacia la pared con el teléfono en altavoz en mi mano. Mientras procesaba aquella vil falta de respeto y encontraba las palabras para responderle, me bajó una lágrima y se me cortó la voz. Fue mi primera mala experiencia con un cliente potencial y, honestamente, no estaba lista para responder. Lo único que pudo salir de mi boca en ese momento fue: «Los seguidores no lo son todo, te explico…» y sin dejarme hablar, me interrumpió y cerró la conversación: «Nada, piénsalo, si deseas trabajar conmigo, sería por comisión y si logras los resultados, entonces hablamos de negocio» y enganchó. Tan pronto colgó la llamada, deseé jamás haberla realizado. Sin embargo, hoy me agradezco mucho haber hecho la gestión porque, aunque no fue una buena experiencia, después tuve la dicha de demostrarle lo que pudo haber logrado.

Quiero que tengas algo claro: **La cantidad de seguidores que tengas no es reflejo del éxito o el fracaso de tu estrategia de mercadeo o tu campaña de anuncios.** A veces hasta deja de ser saludable tener tantos seguidores porque mientras más grande es la audiencia, más grande es el riesgo de que incluya personas que no son nuestro cliente ideal. Además, recuerda que tener la audiencia equivocada afecta la distribución de tu contenido y los resultados de tus campañas de anuncios. Es un efecto dominó que puede traer daños irreversibles.

¿Cuántos seguidores necesitas para tener una audiencia saludable? Pues, eso depende mucho de la industria en la que te encuentres. Por ejemplo, un restaurante que apela a un grupo muchísimo mayor de personas sí puede tener perfiles con cientos de miles de seguidores, pero un negocio local, que sirve a un pequeño nicho (como una panadería o colmado de la comunidad), quizás alcanza unos cientos o unos pocos miles de seguidores y ambos están bien. Tanto el restaurante con cientos de miles como la panadería de la comunidad pueden generar ingresos suficientes si tienen a la audiencia correcta en sus redes sociales, independientemente de su tamaño. A menos que te dirijas a un área geográfica enorme y tengas un negocio que apele a muchísimas personas, está bien que tu audiencia sea pequeña si es de calidad y cualificada… y cuentas con la estrategia correcta para llegar a ellos. Esto es técnicamente como estar en medio de una partida y querer resguardar todas tus piezas para que no sean eliminadas por tu oponente, pensando que al mantenerlas todas en el tablero tendrás más oportunidades de ganar, cuando en realidad solo necesitas las piezas correctas para obtener la victoria con la estrategia que estás ejecutando.

¿Sabes qué pasó unos meses después? La misma persona que me había hecho pasar aquel mal rato que te conté, al parecer se había olvidado de que ya habíamos hablado y me estaba contactando a raíz de unos anuncios míos que vio en las redes sociales y que le llamaron la atención. Casualmente, en ese entonces, yo tenía como unos mil seguidores, pero al parecer, en esta ocasión no le importó y estaba interesado en hacer negocios conmigo. **No es la cantidad de seguidores lo que determina que un negocio sea rentable y sólido, es tener los seguidores correctos y ejecutar la estrategia correcta.**

Un experto nunca deja que otros le pongan precio a su servicio

Además del número de seguidores, a raíz de esta experiencia quiero darte otro consejo:

Nunca dejes que nadie le ponga valor a tu servicio. A veces, cuando estamos empezando o tenemos de frente a un cliente potencial de alto renombre que podría darle un *boost* a nuestra cartera de clientes, solemos llegar a acuerdos que no nos convienen o permitimos que sean ellos quienes pongan los términos y condiciones. Queremos complacer al cliente, pero en ese deseo de complacerlos, dejamos ir mucho o comprometemos mucho: mucho tiempo, mucho dinero y, lo peor, nuestra paz mental.

Sí, yo sé que deseamos ser buenos emprendedores y queremos ayudar a los demás, pero hay algo que debemos tener claro: solo de las buenas obras no vamos a vivir. Por peor que suene, lamentablemente no vamos a poder tener un negocio rentable y la vida que deseamos si andamos complaciendo a todos los clientes potenciales que vienen a ponerle precio a nuestros servicios. Además, viéndolo desde el punto de vista de mercadeo, **el tú permitir que alguien** le ponga precio a tu servicio, automáticamente le resta valor.

Si tú permites que te «regateen», te pidan rebajas o que te digan «trabajas por comisión y si logras resultados, cobras y si no, no cobras nada», como me dijeron a mí, no puedes pretender que se tomen en serio tu trabajo y tu profesionalismo si estás dándoles la oportunidad de que sean ellos quienes decidan el valor de tu trabajo. Recuerda que necesitas proyectarte como experto para poder conectar mejor con tu audiencia y llegar a tu cliente ideal, y **un experto jamás deja que otros le digan cuánto cuestan sus servicios.**

Es mejor tener una comunidad fuera de las redes sociales

A medida que una partida de ajedrez va avanzando, se van eliminando piezas. Cada uno de los contrincantes puede «comer» o «eliminar» alguna de las piezas de su oponente con ciertas movidas estratégicas. Todas esas piezas que van dejando de ser parte del juego, se mantienen fuera del tablero y cuando uno de los peones llega a la última fila, puede ser sustituido por cualquiera de las piezas eliminadas. A esto le llaman «coronación» y es una movida muy importante porque puede ayudarle al jugador a salir de aprietos y traer nuevamente al juego cualquier pieza necesaria para la ejecución de su estrategia. Si la selecciona correctamente, puede ayudarle a ganar la partida.

Ahora quiero que pienses algo: imagina que las piezas en el tablero son tus seguidores, esos con los que puedes continuar realizando movidas estratégicas para ganar con tus anuncios. También quiero que imagines que esas piezas fuera del tablero **son tu comunidad fuera de las redes sociales** y que va a seguir creciendo a medida que avanzas en tu estrategia. Quizás piensas que esas piezas «fuera del tablero» no son importantes porque están fuera de tus redes sociales. Sin embargo, si es la pieza correcta, puede ser la que te ayude a obtener la victoria a través de la coronación. De la misma manera en que tus seguidores son importantes, también lo es tu comunidad fuera de las redes sociales porque esas personas pueden ser quienes te permitan hacer el jaque mate con tu *marketing* digital. ¿Cómo y por qué? ¡Ya verás! 😊

Algo que suele suceder en la mayoría de los casos es que los dueños de negocio se enfocan solamente en aumentar sus seguidores, lo que está muy bien. Sin embargo, ¿qué pasaría si, de un momento a otro, las redes sociales de tu negocio dejan de funcionar?, ¿qué pasaría si Facebook™, Instagram™ o las redes sociales que utilices deciden cerrar la próxima semana?, ¿qué vas a hacer con tus seguidores?, ¿cómo mantendrás el contacto con ellos? Además de tener nuestra audiencia en las redes sociales, es importante que nos ocupemos de crear una comunidad fuera de las redes y tener una lista de clientes potenciales, con su nombre y su correo electrónico. En caso de que ya no podamos utilizar las redes sociales comerciales, podemos mantener la comunicación y darles seguimiento a través del correo electrónico.

En el mundo del mercadeo, le llamamos «captación de *leads*». ¿Y qué es un *lead*? Bien sencillo, un **lead** es una persona que te provee su nombre y su correo electrónico para que puedas seguir en contacto con ella más allá de las redes sociales. Por ejemplo, cuando regalas una guía descargable para la cual tu cliente ideal tiene que proveerte su correo electrónico y su nombre. Al hacerlo, se convierte en un *lead*.

¿Cuáles son los beneficios de tener una comunidad fuera de las redes sociales?

Recuerdo el caso de Manuel Pérez, un fotógrafo que llegó a mí porque habían restringido su cuenta de publicidad. Tenía alrededor de cinco mil seguidores en su cuenta de Instagram™ y unos tres mil en su página de Facebook™. Un *hacker* se apoderó de su perfil personal y subió contenido con pornografía infantil y lo envió a muchos de sus familiares y amigos. Como consecuencia, Facebook™ restringió su acceso a las páginas comerciales y cuentas publicitarias y no podía volver a anunciarse jamás.

Para un negocio en el cual el método de atraer clientes es 95% *online*, esto es una catástrofe. Él llegó a mí por recomendación, para ver si le podía ayudar. Normalmente, cuando Facebook™ toma la decisión de inhabilitar tus cuentas de forma definitiva, no hay vuelta atrás. No importa la gestión que hagamos, si ya decidieron que no nos iban a dejar anunciar (o publicar en las redes), eso nadie lo puede cambiar y, lamentablemente, hay que empezar de cero.

Existe una alternativa que puede ayudar a alivianar un poco el mal rato: tener una lista de correos electrónicos de clientes potenciales. Puedes tomar esa lista y **uno**: enviarles un correo electrónico con el enlace a tus nuevas páginas, o **dos**: subirla a tu nuevo administrador de anuncios para dirigirles publicidad e invitarles a que te sigan en tus nuevas redes sociales. Es preferible hacer las dos.

¿Sabes qué pasó con Manuel? No tenía a nadie en su lista. Manuel se enfocó meramente en utilizar las redes sociales como medio de contacto principal con su audiencia y de ahí solo tomaba los *emails* de quienes se convertían en sus clientes para continuar la comunicación y enviarles los documentos necesarios para brindarles sus servicios. Manuel tuvo que comenzar nuevamente todo… con nada. Lo peor era que estaba a dos meses de hacer un lanzamiento de un taller de fotografía a gran escala, el cual tuvo que posponer porque crear sus nuevas páginas y aumentar su audiencia se convirtió en la prioridad del momento.

Unos meses más tarde, me llegó el caso de una institución educativa en Puerto Rico que trataba el tema de salud y le restringieron el acceso publicitario en Meta™. Aunque lo estaban haciendo muy bien y no había un error justificado para que les cerraran su cuenta, el tema de la salud es muy fiscalizado en plataformas como Facebook™ para asegurar que se provea la información correcta y no se discrimine contra alguna población en específico. Los temas de salud, finanzas, bienestar, empleo, crédito y vivienda, entre otros, son catalogados como «categoría especial» en estas plataformas y te limitan un poco la forma en la que puedes segmentar tu audiencia en los anuncios para asegurar que todo el mundo pueda cualificar para esa oportunidad. Podrías escoger, por ejemplo, pueblos o ciudades específicas, pero no te permitirán segmentar por intereses, edades o género para asegurar que no haya discriminación.

¿Qué fue lo que le pasó a esta institución educativa? En este caso, al dirigirse mayormente a una población joven (estudiantes), Facebook™ entendió que se estaba «discriminando» contra el resto de la población de Puerto Rico que podría beneficiarse de esos temas de salud. Así que bloqueó sus cuentas comerciales. No fue que hicieron algo mal, fue un completo error del algoritmo de la plataforma que no entendió que sus temas de salud eran dirigidos a una población joven y, por ende, no necesitaban segmentar a todo Puerto Rico.

Aunque su restricción publicitaria también fue definitiva y no se pudieron recuperar las páginas comerciales originales, como tenían un banco enorme de correos electrónicos de sus pasados estudiantes y estudiantes actuales, desarrollamos una estrategia mediante el envío masivo de correos electrónicos en conjunto con una estrategia de publicidad pagada en Facebook™, a través de la cual invitamos a esas personas a seguirle en sus nuevas redes sociales. Como resultado, en poco tiempo, la institución pudo recuperar una gran parte de su audiencia y en solo unas semanas ya tenía unos 5,000 seguidores aproximadamente. Continuamos con esta misma estrategia por unos meses hasta que logramos el crecimiento de una audiencia saludable para su página, pero lo que nos ayudó a alcanzar esos números tan rápidamente fue que ellos tuvieran su lista de correos electrónicos. Si no hubiese sido así, alcanzar ese número de seguidores hubiese tardado muchísimo tiempo, como le pasó a Manuel.

Como te comenté anteriormente, además de ayudarte a aumentar tu audiencia, otra ventaja de tener estas listas de correos electrónicos es que puedes utilizarlas para mantenerte en comunicación constante fuera de las redes sociales. Existen plataformas como Mailchimp®, AWeber™, Click Funnels™, Kajabi® y otras que te permiten programar correos electrónicos individuales o en secuencia para que puedas continuar tu conversación y proveer contenido de valor a tus clientes potenciales más allá de las redes sociales.

El mundo digital es bien impredecible y tenemos que lidiar con cambios en algoritmos, con robots que toman decisiones sobre nuestros anuncios y publicaciones, con tecnología que puede fallar y, sobre todo, con las inclemencias del tiempo que nos puede dejar sin energía eléctrica o internet y afectar el rendimiento de nuestros anuncios. **Si dejamos que el único medio de comunicación con nuestra audiencia sea las redes sociales, estamos perdiendo la** oportunidad de mover a ese cliente potencial a otros medios más personales y seguros.

Tener una comunidad suscrita a tu lista de correos, te trae como beneficio:

1. **El poder mantener comunicación constante y frecuente con clientes potenciales más allá de las redes sociales.** Puedes programar contenido semanal para enviarlo a través de correo electrónico.

2. **El mensaje llega a quien desees que llegue.** Cuando publicas en las redes sociales, no tienes control de quién consume tu contenido y quién no, pero cuando envías un correo electrónico a tu lista, sabes que sí recibirán el mensaje.

3. **Es mucho más fácil enviar un correo electrónico masivo** que configurar un *post* o anuncio en las redes sociales, en casos de emergencia o inclemencias del tiempo.

4. **La lista de correos electrónicos es tuya.** Si un día te levantas con la noticia de que tienes restringido el acceso a tus redes sociales, **puedes perder los seguidores**, pero la lista de correos electrónicos te pertenece a ti y podrás seguir en comunicación con ellos.

5. **Envío gratuito de publicidad.** Solo tienes que pagar la plataforma de alojamiento. Estas son plataformas autorizadas y diseñadas para almacenar tus listas de correos electrónicos, programar envíos masivos y automatizar campañas de seguimiento y, normalmente, no suelen

ser muy costosas. Una vez tienes configurada tu plataforma, puedes enviar cuantos *emails* desees.

6. **Desarrollo de una comunidad nueva en tus redes sociales de forma más fácil y sencilla.** Si ya cuentas con un banco de correos electrónicos de clientes potenciales, puedes invitarlos a tus nuevos perfiles en las redes sociales.

Cómo ampliar tu lista de correos electrónicos

Para aumentar tu lista de correos electrónicos de forma efectiva, necesitas seguir cuatro pasos claves:

1. **Ofrece a tu rey un incentivo atractivo.** Debes ofrecer algo de valor de forma gratuita, como una guía informativa, una sesión de consulta 1 a 1, un cupón de descuento, una clase o taller gratis, etcétera. Este incentivo ayudará a atraer suscriptores interesados en tu negocio y será motivación para que compartan sus datos de contacto.

2. **Planifica la captura.** Necesitas configurar una página de captura bien diseñada, con el único propósito de colocar tu incentivo gratis y un formulario para que tus clientes potenciales puedan escribir su nombre y su correo electrónico a cambio del recurso gratuito que ofrecerás.

3. **Crea una campaña de anuncios dirigida a tu cliente ideal.** Estas llevarán a tus clientes potenciales a tu página de captura para mostrarles tu oferta del recurso gratis y permitir que coloquen su nombre y correo electrónico en el formulario.

4. **Suscríbete a una cuenta de alojamiento y protege a tus reyes en una plataforma segura.** Estas plataformas te permiten colocar tus listas de correos electrónicos y programar envíos de forma recurrente. Esta estrategia te ayudará a construir y fortalecer la relación con tus suscriptores, lo que se traducirá en un mayor compromiso y lealtad por parte de tu audiencia.

Consejos que nadie te dio para convertir tus peones en reyes

1. **Atrévete a seleccionar un nicho de personas al cual dirigirte y olvídate de querer venderle a todo el mundo.**

Muchas veces menos es más (y en este caso sí lo es). Aprende a decir «no» y sé selectivo con tus clientes potenciales. Muchos te dirán que invites a todos y que nunca está de más tener otro seguidor en tus redes, pero la realidad es que, si no es el seguidor correcto, no va a aportar mucho el que te siga. Lo mejor que te puedo decir es que tomes este consejo también en cuenta cuando vayas a eventos de *networking*.

Algo que también solía hacer al inicio era ir a eventos de *networking* e invitar a todo el mundo a que siguiera mis redes sociales. Ahora, como sé la influencia que esto puede tener en el algoritmo de mis redes, soy bien selectiva con las personas que invito. Claro, si llegan otros seguidores no les voy a decir que no y obviamente les agradezco inmensamente que me sigan, pero mientras pueda controlar quiénes consumen mi contenido, tenlo por seguro que lo voy a hacer **para tratar de mantener mi audiencia lo más cerca posible del perfil de mi cliente ideal.**

2. **Evita malas prácticas en tu correo electrónico.**

   Si bien una persona te provee su correo electrónico para que te puedas mantener en contacto con ella, es importante que te cuides de hacer *spam*. Evita enviar correos electrónicos sin permiso o sobre temas no relacionados y por los cuales se suscribieron. **Si una persona tomó el tiempo para registrarse en tu lista y proveerte su correo electrónico, no abuses de ese privilegio.**

   a. **Evita compartir o vender tu lista de correos electrónicos a otra persona.** Tus reyes no necesariamente serán los clientes potenciales de otro negocio y quien te dio su dirección, no necesariamente tiene interés de compartirla con alguien más. **Trata esa información como lo que es: información de contacto y confidencial.** ¡No abuses de la confianza!

   b. **No hagas *spam*.** Enviar mensajes no deseados o no solicitados o múltiples mensajes al día, todos los días, no es una buena práctica ni algo que le gustará a tu audiencia. En la mayoría de los casos, con tener programado un correo electrónico a la semana es suficiente para mantenernos presentes en la mente de nuestra audiencia. Ahora, si estás en lanzamiento o en algún momento estratégico, no está mal que envíes más de un correo a la semana. Lo importante es que esto no se vuelva una práctica todo el tiempo porque tu comunidad puede molestarse y denunciarte. **¿Y sabes qué? Las multas son gigantescas.**

La Comisión Federal de Comercio, (FTC por sus siglas en inglés) en su CAN-SPAM Act, sanciona con multas que pueden sobrepasar los $50,000.00 (cincuenta mil dólares) por cada mala práctica ejecutada a través de *email marketing* que, además del *spam*, también incluye el compartir información falsa, enviar promoción a personas que no te han autorizado, no brindarles una opción para anular la suscripción, entre otras. Te invito orientarte y a que leas el CAN-SPAM Act de la FTC antes de comenzar a realizar tus campañas de correo electrónico para que te asegures de implementar las mejores prácticas con tus reyes y tu comunidad de suscriptores. **Puedes obtener más información sobre este tema en:** https://www.ftc.gov/business-guidance/resources/can-spam-act-compliance-guide-business

c. **Por favor, por el bienestar de tu negocio: no compres listas de direcciones electrónicas ni seguidores para tus perfiles sociales.** Esto también está regulado por la FTC, a través del CAN-SPAM Act y enviar mensajes a personas sin su autorización puede resultar en una multa o en grandes problemas legales. Por otro lado, comprar seguidores afectará grandemente el algoritmo de tus redes y la distribución de tu contenido y de tus anuncios.

d. **Importante: haz una copia de seguridad o *backup* de tu lista de correos recurrentemente.** Sé de casos de personas que olvidan pagar su cuenta de alojamiento o las dejan inactivas y luego se las cierran. Si esto pasa y no tienes guardadas tus listas, las puedes perder. Asegura tus reyes como lo que son: las piezas más importantes de tu tablero. Descarga tus listas y guárdalas en un archivo seguro por lo menos una vez al mes.

Enroque Digital

Pídele a tu asistente virtual de inteligencia artificial que te ayude:

1. a escoger el o los nichos adecuados
2. a desarrollar algunos avatares para tu negocio
3. a proveer ideas de *lead magnets* para atraer clientes potenciales
4. a redactar una secuencia de cinco correos electrónicos para tus nuevos suscriptores

¡Trabajemos en tu negocio!

¿Sabes quiénes son tus reyes? ¡Es momento de analizar tu comunidad! Busca tu manual de trabajo y completa las plantillas de tus avatares.

zulysalas.com/mijaquemate

Para descargar el manual,
escanea el código o visita el enlace.

Movida 4

La jugada maestra:
estrategias de contenido para conectar y cautivar

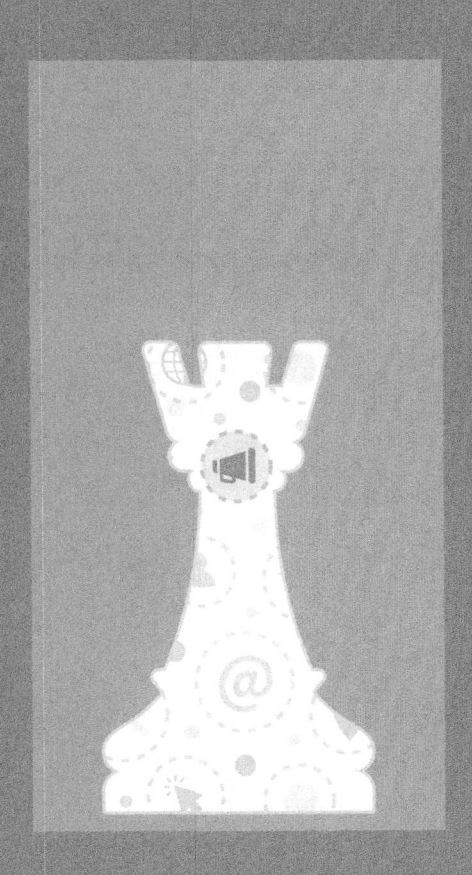

«Quiero irme viral»

*E*sa suele ser una de las razones principales por las cuales muchos dueños de negocio buscan consultoría o *coaching* 1 a 1 en *marketing* digital. **Todos tienen el mal inculcado sueño de querer irse viral.** No te miento si te digo que al menos el 90% de mis clientes de consulta llegan con la idea de irse viral con su contenido pensando que así lograrán impactar a más personas, pero lo que no saben es que irse viral no siempre es beneficioso para los negocios.

Primero, déjame explicarte lo que significa este tan anhelado suceso. Irse **viral** es cuando un contenido, ya sea foto, vídeo o publicación se comparte de forma masiva en corto tiempo y genera un gran alcance con miles (o cientos de miles) de vistas. Esto significa que ha capturado la atención de muchísimas personas y ha generado una inmensa cantidad de movimiento e interacción en las redes sociales (compartidos, comentarios, reacciones, etcétera), lo que hace que se distribuya de forma masiva, incluso a otros países. Es por esto por lo que casi todos los dueños de negocio sueñan con que algún día uno de sus contenidos se vaya viral. Desean miles de vistas, alcance exponencial que permita a nuevas personas conocer su negocio, disparar la interacción de sus perfiles sociales y que cada vez sean más y más los seguidores que llegan a raíz de esa publicación. Suena hermoso, ¿verdad?

Ahora quiero contarte una cosa. **El contenido viral no es necesariamente el que te ayudará a hacer que tu comunidad crezca y a crear conexiones con tus clientes potenciales.** Suena maravilloso eso de que miles de personas vean e interactúen con tu contenido y que lleguen nuevos seguidores a tu página, pero ¿para qué?, ¿sabes quiénes fueron esas personas que vieron tu contenido?, ¿sabes quiénes fueron los que reaccionaron, compartieron e interactuaron con él? De todos esos miles de personas que vieron tu contenido, ¿quiénes son verdaderamente tus reyes? De seguro, no muchos. De seguro, más de la mitad ni siquiera viven en un área geográfica que les permita llegar a tu oficina o son de otros países que, por motivos legales, no pueden obtener tus servicios ni de forma virtual. Además, te corres el riesgo de afectar grandemente los resultados de tus estrategias futuras por tener como parte de tu audiencia esos miles (o cientos de miles) de personas que no son tus clientes potenciales. Entonces, ¿de qué vale irse viral si nadie te va a comprar y puedes afectar los resultados de tus estrategias futuras?

Algo que también puede pasar es que más adelante pierdas una gran cantidad de los seguidores que llegaron a raíz de una publicación viralizada. ¿Por qué? Porque llegaron por el *trend* del momento y no porque genuinamente les interese tu contenido o tu negocio. **Para poder atraer (y mantener) la audiencia correcta tenemos que crear contenido que, más allá de irse viral, sea estratégico.** Aunque no lo parezca o no lo queramos creer, en el mundo de los negocios tenemos que dar (y mucho) antes de recibir. Tenemos que entablar relaciones cercanas con nuestros posibles reyes, y esta relación se cultiva a través del contenido que compartimos día a día.

¿Cómo logras relaciones cercanas con tu audiencia?

Lo primero que tienes que saber es que no puedes crear contenido por crearlo ni publicar por publicar. **Necesitas realizar movidas estratégicas** y para hacerlo correctamente es importante que conozcas: (1) los contenidos potenciadores de marca y (2) el rol que juega tu contenido al crear una relación con tu cliente ideal.

Recuerdo cuando me consultó Roxana, una asistente virtual. Ella vino a mí porque necesitaba vender mejor sus servicios y no sabía por qué no lo estaba logrando. Ponía sus paquetes de servicio con los costos en cada publicación y no recibía mensajes ni llamadas, su interacción estaba muy baja y había muy poco interés de parte de su audiencia. Cuando entré a verificar su contenido, ocho de cada diez publicaciones estaban enfocadas completamente en vender sus servicios y paquetes. Este es uno de los errores principales que comete la mayoría de los profesionales de servicio. Por el contrario, deben crear contenido que les ayude a conectar, capturar la atención y fortalecer esas relaciones con su audiencia.

Cuando me consultan, siempre evalúo los perfiles sociales y la calidad del contenido. Muy a menudo no veo otra cosa que material promocional, ofertas y *posts* relacionados a vender servicios. Luego veo que no tienen mucha interacción ni reacciones y todo se debe a que nadie quiere consumir ese contenido. Ten presente una cosa: **Nadie entra a las redes sociales para ver qué le van a vender.** Entramos a las redes sociales en busca de entretenimiento o información de valor. Entonces, ¿por qué vender tus servicios en cada publicación? Con esto solo se logra alejar más a la audiencia. Lo que necesitas es crear contenido que te ayude a posicionarte, ganar autoridad, conectar con tus seguidores y guiarlos para que realicen las movidas que deseas hasta que estén listos para contratar.

A Roxana le ayudamos a desarrollar un plan que le permitiera compartir contenido que fuera mucho más a tono con las necesidades de sus clientes potenciales, que le ayudara a recalcar los beneficios que obtendrían al contratarla. Publicamos contenido enfocado en informar y educar a la audiencia sobre qué es una asistente virtual, por qué se necesita una, beneficios de tener una asistente virtual, tareas que puedes delegar en una asistente virtual, entre otros.

Este contenido parece bien básico, sin embargo, es muy estratégico porque conecta directo con quien tiene esas dudas y necesita información. ¿Los resultados? Solo por reenfocar su contenido logró que su audiencia comenzara a reaccionar y comentar. Seguido de esto, empezaron a llegar mensajes y llamadas para preguntar por sus paquetes con el interés de adquirir sus servicios.

En el ajedrez, se realizan movidas estratégicas que van guiando al rey al punto exacto donde lo quieres llevar para poder hacer jaque mate. Esto es exactamente lo que debes hacer con tu cliente ideal. Además de analizarlo con profundidad —como discutimos en el capítulo anterior—, es importante que sepas cómo va avanzando en el trayecto para que puedas moverte estratégicamente y colocar el contenido adecuado en cada momento o cada una de las fases. ¿Cuáles fases? Te las enseñaré más adelante en este capítulo.

Contenidos potenciadores de marca

Quiero presentarte a Juan. Él es *coach* de negocios y normalmente comienza su día temprano, lleno de muchas tareas. En algún momento del día, se acuerda que hace tiempo no publica en las redes sociales de su negocio, pero lo deja para más tarde, porque ahora tiene que completar otras tareas que considera primordiales para el funcionamiento de su empresa... y es que, con todos los sombreros, funciones y los puestos que le toca cubrir, el tiempo no le da.

Termina acordándose de la publicación justo cuando está «bajando las revoluciones» del día. Sí, allá... casi a las 10:00 p. m., cuando su cabeza toca la almohada, es que le llega el recuerdo del *post* que estuvo posponiendo durante todo el día, pero como ya «tenía en la mente» lo que iba a publicar, saca el celular, entra a esa famosa aplicación de diseño que ayuda a realizar artes bien chulos en poco tiempo y ¡¡zas!! publicación terminada y lista para subir a las redes. Luego mira los resultados y ve que no hay interacción, que no hay respuesta y que esa publicación no funcionó. Entonces, vienen los cuestionamientos y las frustraciones porque piensa que su negocio o su contenido no es lo suficientemente bueno para llamar la atención. ¿Te suena familiar?, ¿te ha pasado? De seguro que sí.

Bueno, pues te quiero contar varios errores que hay en esta historia.

1. Falta constancia en las publicaciones

Ya hemos hablado en varias ocasiones sobre la importancia de mantener la constancia en tu contenido. Es algo en lo que tenemos que trabajar siempre. Dentro de tu estrategia tienes que tomar en cuenta las veces que vas a publicar cada semana y ser constante para que el algoritmo distribuya las publicaciones correctamente.

2. El contenido de último momento

No es una buena práctica dejar tu contenido para último momento y es un grave error publicar sin una estrategia.

Cuando publicamos en último momento, normalmente estamos tan cansados que terminamos creando contenido «para rellenar» y no necesariamente será contenido de valor para nuestra audiencia. Además, seamos honestos, las cosas a último momento no siempre quedan bien y es la imagen de tu negocio la que está en juego.

3. Hora de publicación

Aunque lleves todo el día con una idea, por más buena que sea, publicar fuera de las horas de máxima audiencia para tu negocio es un error. Cada nicho del mercado responde distinto a los estímulos de mercadeo y también sus horarios de actividad en las redes sociales varían mucho. Es nuestra responsabilidad conocer bien el comportamiento de nuestra audiencia para publicar en los horarios que sabemos que nos verán y, aunque esto varía de industria a industria, la norma es que sea en horarios de estar en la casa. Por ejemplo, para una audiencia que trabaja en horario regular de 8:00 a. m. a 5:00 p. m., las horas pico de publicación son de 7:00 p. m. a 9:00 p. m. Si ya creaste tus avatares, puedes saber cuáles son tus horarios de máxima audiencia para publicar según las horas de salida del trabajo. Recuerda que además tienes de tu lado las estadísticas que proveen las redes sociales sobre el movimiento de tus perfiles y qué días y horas son los mejores para publicar según la respuesta de tu audiencia.

Aun teniendo estos tres puntos en mente, serán muchas las veces que nuestros clientes potenciales nos dirán que «no»: que no están interesados en nuestro servicio, que no lo pueden pagar, que por ahora no lo necesitan, que aún no están listos para contratarte, etcétera. Sin embargo, hay un factor que es pieza clave en la toma de decisiones de **tu cliente potencial: tiene que estar educado respecto al tema del servicio que ofreces.** Es un poco irónico, pero alguien que no sea tu seguidor y, sin embargo, conozca del tema y cómo le puedes ayudar, estará más dispuesto a contratarte que alguien que te sigue hace tiempo y no logra ver el valor, los beneficios y la transformación que tus servicios traerán a su vida.

Hace unos meses, me contactó un cliente potencial que deseaba servicios de anuncios para un embudo de venta que ya tenía creado. No te miento si te digo que lo primero que pensé fue: *Su repuesta va a ser un «no» rotundo porque, con todo lo que hay que trabajarle, la propuesta será gigante.* De todos modos y con toda la cortesía y la dedicación posible, decidí orientarle sobre los servicios necesarios. Le comenté que para lograr los resultados que deseaba, teníamos que hacer un análisis del embudo, enlazar los distintos elementos que lo componen como las páginas de captura, los correos electrónicos y los anuncios, *pixelar* las páginas para seguimiento futuro o remercadeo, crear audiencias similares, personalizadas y por intereses, realizar anuncios de remercadeo en vídeos y artes y se requeriría una inversión grande en pautas en las redes sociales. Reconozco que este tema es supercomplejo y que puede asustar. También reconozco que el cliente potencial puede quedar abrumado o hasta confundido con tanta información nueva. Sin embargo, este cliente llevaba tiempo siguiéndome en las redes y, después de consumir mi contenido por un tiempo, sabía exactamente lo que necesitaba, tanto que cuando lo estaba orientando pensé que estaba hablando con un colega dentro de la industria, porque, aunque tenía sus dudas en algunos temas, me hacía las preguntas precisas para poder aclararlas.

Recuerdo que eso fue un viernes en la tarde. Normalmente, un proceso de evaluación de propuesta toma de una a dos semanas si la persona no está cien por ciento decidida a comprar o si aún le quedan dudas. Sin embargo, con este cliente todo fluyó así: **lo orienté viernes en la tarde, el sábado en la mañana le envié la propuesta gigante que te comenté y ya al mediodía recibí la propuesta firmada, lunes firmamos contrato y comenzamos a trabajar.** Fue uno de los cierres más rápidos que he tenido. ¿Por qué? Porque anteriormente tomé mi tiempo para educarlo a través de mi contenido. Cuando llegó a solicitar mis servicios, ya sabía lo que necesitaba y estaba listo para contratarme. Aunque parezca difícil, quiero decirte hoy que mantener constancia con tu contenido de valor sí es posible, todo es cuestión de planificación y saber de antemano cuáles son esos contenidos que tienes que publicar para potenciar tu marca. **Son estos cuatro:**

1. El **contenido informativo** da a conocer el negocio, servicios, ubicación, horario, etcétera. Aquí estás informando a tu audiencia sobre cómo, cuándo y dónde te puede contactar. Este contenido suele pasar por desapercibido porque entendemos que, si tenemos redes sociales, las personas nos contactarán al *inbox*, pero siempre debemos dar a conocer las distintas formas en las que nos pueden contactar: si deben escribirte al *inbox*, por correo electrónico, WhatsApp™, llamarte, etcétera, independientemente de que tu negocio sea físico o virtual. Tienes que ponerle bien fácil el contactarte a tu cliente potencial. Un ejemplo de este contenido es que si tienes un salón de belleza, puedes dar a conocer los distintos servicios que ofreces, horarios, localidad y teléfono, entre otros.

- Este contenido es importante porque nos ayuda a mantener a la audiencia actualizada sobre cómo (o dónde) pueden encontrarnos o contactar nuestro negocio.

- Aquí te muestro un ejemplo de un *post* sobre mis sesiones de consulta y cómo pueden obtener más información.

2. El **contenido educativo** toca temas que tienen que ver directamente con el servicio que ofrece tu negocio con el fin de educar a la audiencia. Parece similar al contenido informativo, pero no lo es. Con el contenido educativo proveemos «tips», consejos y recomendaciones sobre los servicios o la industria en la que nos especializamos. Este contenido ayuda a educar a tu audiencia, a aclarar dudas y preguntas sobre temas relacionados a tus servicios. Como ejemplo, y para contrastarlo con el contenido informativo, el dueño de un salón de belleza podría crear el siguiente contenido educativo: *consejos para el cuidado del rostro, cómo cuidar el cabello correctamente, productos recomendados para mantener uñas saludables,* entre otros.

- El contenido educativo es importante porque te ayuda a posicionarte como experto y demostrar el conocimiento que tienes en lo que haces. Esto te ayuda a ganar ventaja ante tu competencia.

- **BIEN IMPORTANTE:** este contenido debe ser 100% tuyo. No funciona igual y no ayuda en nada a tu negocio cuando compartes contenido educativo que viene de otras fuentes, de las redes o páginas de un colega, pues lo que estás demostrando es que ellos saben más que tú y quienes se están ganando el posicionamiento ante los ojos de tus seguidores son ellos.

Aquí te muestro un carrusel en el que compartí 3 «tips» para enamorar a mi audiencia en el que aproveché la temporada de San Valentín y la utilicé como excusa para darle un enganche adicional a mi contenido.

3. El **contenido para conectar** es el que nos ayuda a crear relaciones más cercanas con nuestra audiencia. Con este contenido mostramos el día a día de nuestro negocio, su recurso humano y todo lo que pasa «detrás de las cámaras». También compartimos alguna reflexión que vaya a tono con tu audiencia y un poco de nuestras experiencias personales.

- Este contenido es importante porque ayuda a crear relaciones cercanas con tus seguidores, a conectar con ellos y a que se sientan más identificados con tu negocio.

Ejemplo de publicación reflexiva para conectar:

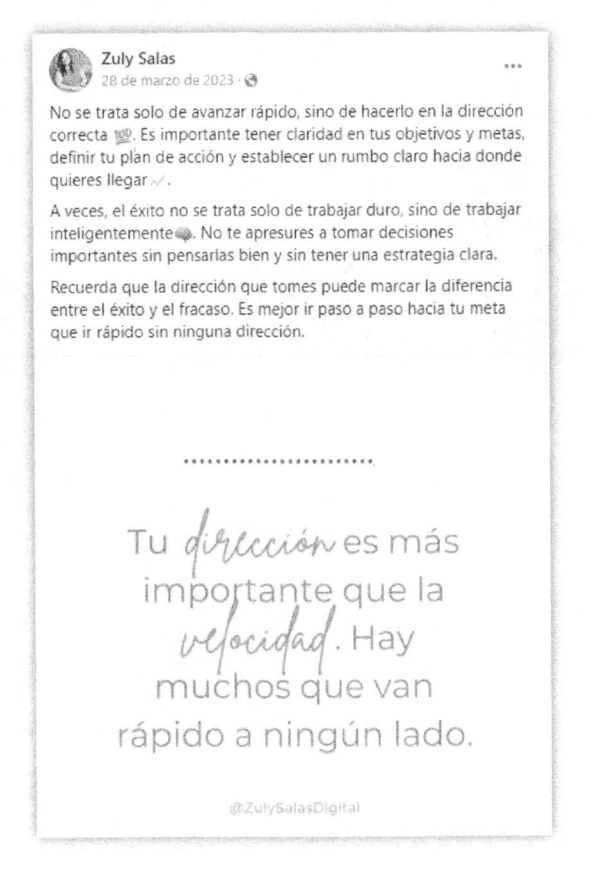

Ejemplo de publicación personal para conectar:

Zuly Salas
6 de marzo de 2023

Hoy son 5 años de esta hermosa aventura y solamente puedo decir ¡GRACIAS!

Vivo agradecida por cada momento, por cada experiencia que me hace crecer como persona, como profesional y que me permite llevarles siempre lo mejor de mi.

Hay veces que la vida nos sorprende y tenemos que arriesgarlo todo por una nueva aventura con la incertidumbre de qué pasará, pero hoy puedo decirte que cuando trabajas con determinación, enfoque y consistencia todo se puede lograr.

Yo comencé a trabajar como especialista en Mercadeo Digital para OSFLs y empresas privadas en 2012, pero no fue hasta 2018 que decidí lanzarme por cuenta propia. Aún recuerdo ese primer día, cuando solo tenía incertidumbres y ni siquiera sabía cómo comenzar. La idea de pensar en una renuncia a un trabajo estable me causaba terror. Hoy, celebro con alegría el haberme dado la oportunidad y el voto de confianza para lanzarme a conquistar mi sueño.

No ha sido fácil, no te lo voy a negar. El mundo de los negocios es un sube y baja de emociones, de decisiones difíciles que tomar, de mucho trabajo y de muchos sacrificios, pero cuando amas lo que haces, la recompensa es mucho mayor.

No tengas miedo de lanzarte, no tengas miedo de hacer ese sueño realidad y jamás tengas miedo de empezar de cero nuevamente si tuvieras que hacerlo. La vida te pone retos, pero también te pone nuevas oportunidades que te empujan hacia adelante para alcanzar tus metas.

Hoy quiero darte las gracias por tu apoyo, por tu confianza y por ser parte de esta hermosa comunidad. Ya son 5 años ¡y que vengan muchos más!

4. El **contenido para generar interacción** invita a las personas a tomar una acción en específico: Ya sea que lo invitas a compartir un *post*, a comentar, a llamar a tu negocio, presionar un enlace o interactuar con tus historias, etiquetar algún amigo, etcétera.

- Este contenido es importante porque ayuda a mover tus perfiles sociales. Cuando las personas interactúan con tu contenido, las plataformas sociales entienden que es contenido de valor o relevancia para tu audiencia y, por tal razón, buscará personas similares para que lo vean. **Así que, a mayor interacción, mayor alcance.**

A mí me encanta utilizar las transmisiones en vivo como contenido para generar interacción. Aquí te muestro un ejemplo:

Te presento algunos ejemplos de información que puedes compartir con cada uno de ellos.

Contenido	Qué hace	Información que puedes compartir
Informativo	Da a conocer el negocio y sus servicios	Información de contacto, servicios que ofreces, localidad, ubicación, métodos de contacto, horarios de atención, métodos de pago, ofertas, etcétera
Educativo	Ayuda a educar a tu audiencia y a posicionarte como experto.	*Tips,* consejos, recomendaciones, estudios, infografías
Para conectar	Ayuda a entablar relaciones cercanas y a que tu audiencia se identifique contigo.	Rutinas, preparación para reuniones, espacio de trabajo, recurso humano de tu negocio, experiencias personales y de negocio, etcétera
Para interactuar	Invita a las personas a tomar una acción específica.	Publicaciones con encuestas, preguntas, entre otras, invitar a comentar, a compartir, reaccionar, etcétera

Cada uno de estos cuatro tipos de contenidos potenciadores de marca son cruciales en tu tablero de juego para convertir a tus clientes potenciales en tus reyes... y esto lo discutiremos en el siguiente punto.

El rol de tu contenido según la fase en que se encuentran tus clientes potenciales

Tu cliente potencial va a recorrer un trayecto desde que te descubre hasta que se convierte en cliente. Para que el trayecto a la conversión sea más fácil, necesitas guiarlo con tu contenido y tus anuncios. ¿Sabes qué es lo que pasa? La mayoría del tiempo, los emprendedores no saben cuáles son esas fases ni cómo aclarar las dudas que van surgiendo en cada una de ellas. Aquí las comparto contigo:

Fase 1: Descubrimiento y atracción

En la primera fase de descubrimiento y atracción, muchas veces tu cliente ideal está comenzando a identificar los pequeños síntomas que lo hacen necesitar tus servicios, pero no siempre conoce el problema completo. Imagina que tienes un amigo que recién se muda a un nuevo apartamento y comienza a identificar que quizás no tiene el espacio necesario para organizar todas sus pertenencias. Entonces, comienza a buscar en internet soluciones para organizar pequeños espacios, qué muebles debe adquirir para maximizar el espacio, ventajas de los muebles modulares, etcétera. Lo que está buscando en internet son soluciones a su situación, pero quizás aún no conoce que lo que necesita es un diseñador de interiores.

En esta fase, tu contenido debe estar enfocado en el **QUÉ** y el **POR QUÉ** y debe lograr que tu cliente potencial entienda lo que haces y quiera conocer más sobre ti. Esta es tu primera oportunidad de ayudarle a solucionar una situación que le causa dolor. Puedes crear contenido mostrando consejos, recomendaciones, lo que debe hacer, lo que no debe hacer, entre otros consejos. Eso le hará tener la necesidad de buscar aún más información y conectar mejor contigo.

Aquí te muestro algunas recomendaciones con el ejemplo de organización de espacios en el hogar:

Recomendación	¿Qué puedes publicar?
Razones por las cuales necesita tus servicios	Tres razones por las cuales necesitas un diseñador de interiores si vives en un espacio pequeño.
Razones por las cuales debe dejar de hacer algo de inmediato	¿Por qué debes dejar de almacenar todo en cajas plásticas ahora mismo?
Qué o quién eres y qué beneficios tiene tu profesión	Qué es un diseñador de interiores y cuáles son los beneficios de contratar uno.
Errores que debe evitar	Cinco errores que debes dejar de hacer con la organización de tu hogar.

Fase 2: Conexión

En la segunda fase de conexión, tu cliente potencial ya identificó su problema y está buscando soluciones. Aquí puedes crear contenido para resolver las situaciones pautadas en la primera fase. Enfócate en el **CÓMO** (implementar, hacer, aplicar). Comparte guías paso a paso, ejemplos, procedimientos y tutoriales. En esta fase ya ese cliente potencial está buscando conocer aún más del tema y debemos ganar la delantera para continuar llevándolo por ese camino.

Por ejemplo:

Recomendación	¿Qué puedes publicar?
Pasos para lograr algo	Cinco pasos para organizar un dormitorio pequeño.
Cómo puede resolver algo	Cómo organizar tu espacio de oficina en el hogar.
Cómo aplicar alguna técnica	Cinco técnicas de pintura para que tu espacio se vea más amplio.

Fase 3: Conversión

En la fase de conversión, ya tu cliente potencial es 100% consciente de su problema y está decidido a tomar acción. A raíz de tu contenido pasado, ya sabe que tus servicios son la solución a su problema.

En esta fase, tu contenido debe estar orientado al beneficio que esa persona obtendrá al contratarte. **Esto normalmente se enfoca en reducir molestias u obtener mejores resultados,** por ejemplo: ganar más tiempo, ganar más clientes, reducir un riesgo, ganar más de algo positivo, hacer alguna tarea más sencilla, etcétera.

Recomendación	¿Qué puedes publicar?
Cómo ganar más de algo positivo	Cómo ganar más espacio al organizar tu sala.
Cómo reducir algo malo	Cómo maximizar tu espacio para evitar reorganizar tus muebles cada vez que llega visita.
Cómo lograr resultados fácilmente	Tres simples pasos para organizar una cocina pequeña

¿Qué quieres lograr con tu contenido?

Además de saber cuáles son esos contenidos potenciadores de marca y las fases por las que pasa tu cliente potencial, es importante que sepas que cada formato de contenido cumple con un propósito específico.

Lo primero que debes saber es que el contenido no es solamente las publicaciones de tus redes sociales, sino todo lo que utilizas como parte de tu *marketing* digital, ya sean publicaciones en el *feed* (el contenido que ves en la página de inicio de la red social), anuncios, correos electrónicos, etcétera. Todo, absolutamente todo lo que utilizas para mercadear tus servicios de forma digital puede ser catalogado como tu contenido.

Por ejemplo:

- Publicaciones del *feed*
- Historias / *Stories*
- Correos electrónicos
- Artículos de blog o microblog (fragmentos breves de un contenido más extenso para generar más interacción en tus perfiles)
- Podcasts
- Infografías o representaciones visuales de información, datos y estadísticas presentadas de forma sencilla y clara
- Vídeos
- Transmisiones en vivo o *streamings* - vídeos o contenido audiovisual que puede ser consumido en tiempo real
- Guías, plantillas o herramientas digitales creadas por ti
- Fotos
- Mensajes de texto

Cada uno de estos formatos cumple con unos propósitos y juegan un rol importante en el trayecto de tu cliente. Ahora te voy a explicar un poco la función de cada uno de estos formatos.

Formato	Función
Publicaciones en el *feed*	Ganar posicionamiento, educar, informar, generar interacción, reconocimiento de marca
Historias / *Stories*	Conectar, humanizar, generar interacción, crear confianza
Correos electrónicos	Educar, ganar posicionamiento y autoridad, informar, fidelizar
Artículos de blog / microblog	Educar, ganar posicionamiento y autoridad
Podcasts	Educar, ganar posicionamiento y autoridad, más alcance
Infografías	Educar, ganar posicionamiento, más compartidos y guardados
Vídeos / Cortos	Educar, generar interacción, más compartidos
Transmisiones en vivo o *streamings*	Ganar posicionamiento y autoridad, educar, generar interacción, más compartidos
Guías, plantillas o herramientas digitales creadas por ti	Ganar posicionamiento y autoridad, educar, expandir tu lista de correos electrónicos (captar *leads*)
Fotos	Conectar, humanizar, informar, mayor interacción

Antes de crear tu contenido, piensa bien cuál será el objetivo que deseas lograr y selecciona el formato adecuado para cumplirlo. **Ten presente que en tus redes sociales debes tener un balance entre los distintos formatos.** Es importante que sepas que **cada persona responde de forma distinta a los estímulos audiovisuales.** Aun cuando tus seguidores tienen gustos e intereses similares, no todos consumen el contenido de la misma forma. A algunos les gusta más leer, a otros les gusta más ver vídeos y otros prefieren las publicaciones cortas, etcétera. La mejor forma de asegurarte de llegar a la mayor cantidad de personas posible dentro de tu audiencia es publicar el mismo mensaje o información en distintos formatos para que puedas captar la atención de cada uno a través del formato que más suele consumir.

Contenido de poder versus contenido complementario

Existen dos tipos de negocios de servicios: los generalistas y los especialistas. Los generalistas trabajan distintos temas dentro de una industria. Por ejemplo, el CPA que también provee servicios de registro de negocios y corporaciones. Por otro lado, están los especialistas, aquellos que proveen un servicio más profundo y especializado (valga la redundancia) dentro de su industria. Por ejemplo, un negocio exclusivamente de contabilidad o de gestión de permisos. También, te muestro el caso de mi industria: dentro del *marketing* digital, hay un sinnúmero de servicios que puedes ofrecer, desde la creación de una marca hasta su publicidad. Esto puede incluir creación de contenido, programación, *community management* (quien se encarga de mantener las redes sociales actualizadas y de responder los mensajes de tu audiencia), diseño gráfico, desarrollo de estrategias, redacción… y si sigo, no termino. Tú puedes proveer todos los servicios o especializarte en unos pocos los cuales provees con mayor profundidad, conocimiento y habilidad. En mi caso, soy especialista en desarrollo de estrategias y creación de campañas publicitarias digitales para la industria de servicios. Sí, proveo otros servicios que van de la mano con ellos como consultas 1 a 1, *coaching* de ventas, entre otros y atiendo diversas industrias y negocios de productos, pero la industria de servicios y la creación de estrategias y anuncios digitales son mi campo de pericia.

Tener un área de especialidad y diferenciarte de la competencia, te ayuda a conectar mayormente con tu rey o un nicho específico y a crear tu contenido y tus anuncios enfocados en sus necesidades particulares, de modo que puedes tocar más profundamente ese punto de dolor y agilizar el proceso de toma de decisión de compra. También te beneficia porque puedes cobrar mucho más por tus servicios. Te lo explico con la analogía del chef versus el bufé.

Supongamos que visitas un bufé. De esos en los que puedes comer todo lo que desees por el precio de $15.99. Pagas tu servicio y puedes disfrutar de comida criolla, mexicana, italiana, refresco ilimitado y una variedad inmensa de postres. El bufé no tiene ninguna especialidad. ¿Sabes cuántos clientes al día necesita el dueño del bufé para recuperar su inversión y que su negocio sea rentable? De seguro cientos de clientes porque, además de que los precios son demasiado bajos para todo lo que te puedes comer, muchas personas tienden a desperdiciar la comida lo que resulta en pérdidas adicionales para el restaurante. Eso, sin sumarle los costos operacionales y la nómina para la cantidad de empleados que necesita.

En cambio, tenemos al chef que tiene un pequeño restaurante en el que puede recibir no más de 15 personas a la vez. A este chef lo diferencia algo: hace los mejores *risottos* de todo el país. Es la especialidad de su restaurante. Son tan buenos sus *risottos* que no da abasto para la gran demanda que tiene y, en muchas ocasiones, las personas tienen que hacer reservación con varias semanas o meses de anticipación para poder disfrutar de uno de sus platos especializados. La experiencia de tener a tu chef exclusivamente para ti, preparando tu *risotto* al momento y en su punto, comienza en $95.00 dólares por persona. Quizás suena costoso, pero son tan exquisitos y recomendados que las personas no dejan de ir, y su restaurante nunca se vacía. ¿Sabes cuántos clientes al día necesita el chef especializado para recuperar su inversión y que su negocio sea rentable? A diferencia del bufé, solo unos pocos. ¿Por qué? Porque cuando te especializas, enfocas todo tu esfuerzo en proveer completamente un servicio de calidad y conoces tan perfectamente lo que haces, que muy rara vez podrías fallar.

Esto aumenta tu credibilidad, aumenta la confianza de tu cliente potencial hacia ti, te da posicionamiento, autoridad y te permite poder ganar más con mucho menos esfuerzo. Pero ¿cómo lo haces?

Contenido de poder

Necesitas aumentar tu poder de conocimiento, de convencimiento y de conexión ante tu audiencia para que puedas destacarte de los demás. Es importante que selecciones un formato de contenido que te ayude a darle fuerza a tu voz y demuestre tu experiencia en tu industria. A este contenido lo llamamos **contenido de poder.** El contenido de poder se presenta en cualquiera de los siguientes formatos: blog, podcast, canal de vídeos y/o trasmisiones en vivo. ¿Por qué? Porque son los formatos que te permiten crear un portafolio y demostrar tu conocimiento con profundidad. Además, es el formato de contenido que tu cliente ideal puede utilizar para aclarar dudas y resolver situaciones en su vida.

Contenido complementario

Por otro lado, tenemos el **contenido complementario**, el que aparece en el *feed*, en los *stories* en Instagram™ y otras redes sociales, los correos electrónicos y demás formatos de contenido que se publican a diario. Normalmente, son piezas más fáciles de crear, ya que son mucho más pequeñas que el contenido de poder. La ventaja principal del contenido complementario es que **nos ayuda a mantener la constancia, a dar seguimiento a nuestra audiencia** y a mantenernos constantemente en la mente de nuestro cliente potencial. Sin embargo, no aporta al posicionamiento ni a nuestra proyección de autoridad de la misma forma que el contenido de poder.

Lamentablemente, son muchos los profesionales de servicio que se enfocan mayormente en el contenido complementario y no en el contenido de poder. **Necesitas integrar al menos uno de los formatos de contenido de poder como parte de tu estrategia para ganar posicionamiento y autoridad.** Si tienes dos (o los cuatro), mucho mejor. Recuerda que, a mayor cantidad de formatos de contenido de poder, mayor es la probabilidad de conectar con más clientes potenciales. Mi recomendación es que evalúes cuál de los formatos de contenido de poder se adapta mejor a tu audiencia y a tus estrategias para que comiences con ese. Luego puedes añadir otros formatos. **Tu contenido de poder debe ser siempre tu enfoque principal y de este, debe salir tu contenido complementario.**

¿Cómo lo puedes hacer? Comparto contigo una técnica que te salvará la vida y te ayudará a ahorrar mucho tiempo en la creación de tu contenido:

Divide y multiplica

Una vez ya tengas tu contenido de poder listo, lo puedes convertir en otras piezas de contenido más pequeñas y con distintos formatos. Te muestro un ejemplo con el episodio #1 de mi *podcast: Marketing para Servicios con Zuly Salas.*

Este episodio, llamado *5 pasos esenciales para vender tus servicios a más seguidores de forma rápida y sencilla* se publicó en Spotify®, Apple Podcast®, Google Podcast™ y Amazon Music™.

Una vez publicado en las distintas plataformas de *podcast*, tomé un extracto con el que hice un *teaser* o una muestra del contenido del episodio y lo envié por *email* a mi lista de contactos. También lo subí a Facebook™, Instagram™, LinkedIn™, Tik Tok™.

Exactamente al mismo libreto que utilicé para el episodio del *podcast*, le hice unos cambios muy pequeños (sobre todo, en el saludo y en el cierre) y lo convertí en un artículo de blog que envié por *email*, lo compartí en Facebook™ y en LinkedIn™.

Luego realicé unas transmisiones en vivo en Facebook™ e Instagram™ con el mismo tema y adivina qué libreto utilicé como referencia, ¡el del *podcast*!

El mismo día que realicé la transmisión en vivo, grabé un *short video* (vídeo corto) con los cinco puntos claves del tema (el mismo libreto del *podcast* reducido en tamaño). Este lo compartí en Facebook™, Instagram Reels™, TikTok™, Youtube™ Shorts y en LinkedIn™.

Para completar, ese mismo *short video*, lo convertí en un carrusel (una secuencia de fotos sobre un tema) que compartí en Facebook™, Instagram™ y LinkedIn™.

Como puedes ver, tener un contenido de poder no solamente te ayuda a posicionarte como experto en la mente de tu cliente ideal, si no que te ayuda a ahorrar muchísimo tiempo en la creación de tu contenido complementario, porque **el contenido complementario es precisamente eso mismo: un complemento y debe salir siempre de nuestro contenido de poder.**

Me imagino que ahora mismo debes estar pensando cuánto tiempo te puedes estar ahorrando en la creación de contenido si creas un blog, un *podcast* o un canal de vídeos… de seguro, mucho más del que imaginas. Si te tomas el tiempo para crear tu contenido de poder, técnicamente estás planificando el contenido de todo tu mes en las distintas plataformas. Lo sé, esta técnica te encantó. A mí también me encanta y trato de usarla lo más posible.

¿Te quedaste sin ideas?

Crear contenido puede ser una odisea cuando no tenemos claro lo que necesitamos compartir o no tenemos la estrategia correcta. Por eso, he creado para ti **Contenido para Ganar**, las tarjetas para profesionales de servicio que desean ganar más con su contenido.

Cada tarjeta tiene una idea de contenido estratégico. Solo tienes que seleccionar una cada día para ayudarte a ganar:

- Más interacción
- Mejor posicionamiento
- Mayor autoridad
- Más cliente potenciales
- Y… sobre todo, ¡más reyes!

Puedes conocer más detalles e incluso conseguirlas en:

- www.contenidoparaganar.com

¿Lo mejor? Es que puedes colocarlas sobre el escritorio, llevarlas en tu cartera, mochila o hasta en el carro. Donde sea que te encuentres, ¡llevas tus ideas de contenido contigo!

Consejos que nadie te dio para conectar y cautivar con tu contenido

1. Necesitas aumentar la interacción de tus redes sociales

La interacción de tus perfiles sociales determina grandemente cuántas personas verán tu contenido. Esto sucede porque las plataformas sociales entienden que si las personas están interactuando con tu contenido es porque es relevante, bueno o interesante para ellas.

Para aumentarla, puedes aplicar los siguientes consejos:

- **Comienza con un gancho:** La primera imagen de tu carrusel o el encabezado de tu publicación puede hacer una gran diferencia. Piensa en títulos interesantes y llamativos que puedan hacer a una persona abrir un correo electrónico, reproducir un vídeo o abrir tu publicación.

- **Muestra resultados:** Comparte resultados y testimonios. Las personas confiamos mucho en lo que otras personas tienen para decirnos sobre un negocio y conectamos mayormente con otros rostros antes que con marcas.

- **Educa a tu audiencia:** Las publicaciones que les permiten a las personas informarse y aprender suelen ser las que más reacciones generan y las que más tienden a ser guardadas para referencias futuras.

- **Haz un llamado a la acción:** Déjales saber a tus seguidores qué quieres que hagan cuando vean tu publicación: ¿que se registren?, ¿que comenten?, ¿que la guarden?... No podemos dar por hecho que las personas tomarán alguna acción al ver nuestro contenido si no se los pedimos.

2. El rey es el protagonista

Perdón por decirte esto, pero en las redes sociales de **tu negocio tú no eres el protagonista.** Los protagonistas deben ser siempre tus clientes potenciales. Ellos deben conocer los beneficios que recibirán y cuál es el valor de ser parte de tu comunidad. Enfócate en crearles una experiencia y en demostrarles cómo puede ser su vida al contratarte. Tú necesitas que tu cliente potencial viva en su mente la historia y las soluciones que el contratarte le traerán. «¿Te gustará lograr X?», «Imagina cómo sería tu vida con _____» o «¿Cómo puede ayudarte un _____» son excelentes títulos para que tu cliente potencial imagine en su interior el cambio positivo que traería a su vida el adquirir tus servicios.

3. Deja de saturar con el mismo formato de contenido

Te pregunto: ¿Cuál formato de contenido consumes más?, ¿cuál sueles publicar mayormente en las redes sociales?, ¿sabes qué suele suceder? Normalmente publicamos el mismo formato o tipo de contenido que nos gusta a nosotros. Te invito a que eches un vistazo a tus redes sociales para que evalúes si esto te está pasando a ti. Quizás no eres consciente, pero el contenido que te gusta no necesariamente es el que le gusta a tu audiencia. No cometas el error de publicar solamente el formato que tú disfrutas. Esto provoca que tus redes se vuelvan monótonas y que no apelen a todas las personas que deseas. Recuerda que no todo el mundo consume el mismo formato de contenido, así que tienes que tener una variedad para llegar a la mayor cantidad de personas posibles dentro de tu nicho.

4. Nunca hables en plural

Aunque tengamos muchos seguidores, detrás de la pantalla solamente habrá uno. Tú necesitas que tu rey se identifique con lo que estás diciendo y tener una conversación o comunicación uno a uno con él. Para que la experiencia apele mejor a tu cliente ideal, tu contenido debe estar siempre enfocado solo en un rey, igual que el ajedrez.

5. **Evita los temas controversiales y la parcialidad:**

    Sí, yo sé. El simple hecho de hablar de temas controversiales ya es un tema controversial. Tienes que saber algo: tú puedes creer que tienes el mejor ideal político, la mejor creencia religiosa o el mejor punto de vista sobre algún tema controversial, pero en las redes sociales de tu negocio *JAMÁS*, «never», nunca de los nuncas y jamás de los jamases lo debes dar a conocer. Tampoco defiendas o te parcialices ante un tema de opinión pública. Sé que muchas veces se hace con la mejor intención, pero no todo el mundo va a compartir los mismos ideales, las mismas creencias o los mismos puntos de vista que tú y esto puede cortarte las alas con otros clientes potenciales. No importa si es un tema en el que el 99% de las personas están de acuerdo. A menos que no sea una causa que estés dispuesto a apoyar abiertamente (ya sea de forma independiente o a través de tu ayuda a una fundación dedicada a ella), estas posturas se dejan para compartir en familia y entre amigos, no en las redes sociales de tu negocio.

6. **No es la cantidad de seguidores, si no el trabajo que realices con tu contenido de poder lo que puede ayudarte a ganar posicionamiento y conectar con clientes potenciales**

    Trabaja arduamente en tu contenido y deja de enfocarte en la cantidad de seguidores. **Tu posicionamiento y autoridad vienen de cómo trabajes tu contenido de poder, no de cuántos seguidores puedas tener.** Mejor tener una comunidad más pequeña de clientes potenciales calificados que tener una comunidad inmensa de seguidores que no te comprarán.

7. **Deja de enfocarte en los números y en los *views* todo el tiempo**

    No necesitas que te vean millones de personas, sino las correctas. La falsa idea de querer irnos viral puede estar haciendo que llegues a las personas equivocadas. No crees tu contenido pensando en si tiene o no posibilidades de irse viral, mejor toma en cuenta si ese contenido aclarará las dudas de tus clientes potenciales y los llevará un paso más adelante en el trayecto. Solo así lograrás que tomen la decisión de compra más rápido.

Enroque Digital

Utiliza las tarjetas de *Contenido para Ganar* para generar *prompts* en los que tu asistente virtual de inteligencia artificial te provea ideas de contenido.

Ejemplos:

1. ¿Cuáles son algunas herramientas gratuitas de finanzas personales que puedo compartir con mi comunidad de seguidores para facilitarles la vida? Dame un listado de las cinco más utilizadas.
2. Proveo servicios de contabilidad mensual para dueños de negocio. ¿Me puedes ayudar a construir un guion para un vídeo de menos de 60 segundos en el que explique estos servicios de forma sencilla?

¡Trabajemos en tu negocio!

Ve a tu manual de trabajo para comenzar a delinear tu estrategia de contenido. Evalúa tu contenido actual y desarrolla los objetivos que deseas lograr con tus próximas publicaciones.

zulysalas.com/mijaquemate

Para descargar el manual,
escanea el código o visita el enlace.

Movida 5

Pon en jaque al rey:
estrategias de seguimiento
para mantener
a tu cliente potencial cautivado

¿Cómo llegan tus clientes?, ¿los buscas *online* y haces un contacto inicial o son ellos quienes te escriben al *inbox*? En el mundo de los servicios hay una práctica que tiende a darse muy seguido: investigar *online* para buscar clientes potenciales que pueden necesitarnos, sobre todo, aquellos que trabajan ofreciendo servicios de negocio a negocio (ya que pueden conseguir sus clientes por internet). Luego de hacer un poco de investigación sobre algunos clientes potenciales, su intención principal es llamar, enviar correo electrónico o contactarlos por *inbox* para presentarles sus servicios y, normalmente, necesitan poner mucho esfuerzo y estar detrás de ellos durante mucho tiempo para dar seguimiento a la propuesta que enviaron. Es técnicamente como poner al rey en jaque: lo persigues y lo persigues hasta que lo acorralas y no tiene escapatoria. Si tú estás haciendo esto, déjame decirte que es una gran bandera roja para tu imagen y tu marca. Me preguntarás, «pero Zuly, ¿cómo es que el darle seguimiento a un cliente potencial puede ser una bandera roja para mi marca?». Bueno, no es que dar seguimiento sea inapropiado, lo que es inapropiado es hostigar a una persona para que te contrate y, mucho más, si es una persona que no ha solicitado tus servicios.

Comparto contigo una forma sutil y estratégica para poner a tu rey en jaque sin que parezca una persecución y que tome la decisión de compra:

1. Necesitas ser el experto

Las opciones de seguimiento manual pueden ser tediosas y consumen mucho tiempo, requieren mucho esfuerzo y pueden llevar a convertirte en *spammer* y a estar todo el tiempo ocupado. **Estar ocupado no es sinónimo de ser productivo** y muchas veces puede hasta desatar un caos, lo que añade estrés y ansiedad a tus días. Hablando claro, tú y yo sabemos que manejar un negocio conlleva demasiadas tareas y responsabilidades como para añadirnos otras dando seguimiento manual a nuestros clientes potenciales. Esto solo te hace perder el tiempo que puedes aprovechar proveyendo el seguimiento correcto a clientes potenciales genuinamente interesados en tus servicios.

Otra situación que ocurre con este método manual de conseguir clientes es que te baja de nivel. ¡Sí, te baja de nivel!, porque un experto jamás haría eso. Parte de lo que hemos hablado en capítulos anteriores es que necesitas posicionarte como autoridad: proyectarte como el experto que eres. **Las redes sociales de los expertos funcionan en una sola vía: los clientes los contactan.** Un experto real tiene muy poco tiempo y mucha demanda como para andar detrás de clientes potenciales. Si quieres lograr ese posicionamiento, **la primera regla** que tienes que cumplir es no buscar clientes, sino dejar que ellos te encuentren a ti. Una cosa es atraerlos a través de tu contenido, de tus anuncios y tus estrategias y otra muy distinta es ser tú quien los busca y los contacta. Cuando eres tú quien hace un acercamiento inicial, lo que denotas es que tienes tan pocos clientes o tan poco trabajo que tienes el tiempo suficiente para estar detrás de ellos.

2. Deja que el rey haga su movida

Para tener éxito, tienes que buscar la forma de que sea tu cliente ideal quien haga el acercamiento inicial. Necesitas hacerlo de una manera que sea eficiente, efectiva y que genere resultados para tu negocio.

Brindar el seguimiento adecuado no necesariamente es llamar o enviar correos electrónicos con propuestas; es saber cuándo y dónde encontrarás a tu cliente potencial, el rey, para estar ahí, frente a él, con tu contenido y tus anuncios. Lo que requieres es estar siempre presente para contestar cualquier duda o pregunta que tenga. Tú necesitas crear una relación cercana con él para que puedas enamorarlo y lograr que te contacte.

Está comprobado que se necesitan de siete a nueve contactos con un cliente potencial para convertirlo en cliente y con un simple anuncio no se puede lograr. Ahora quiero contarte cómo puedes dar ese seguimiento sin convertirte en *spammer* ni tener que perder mucho tiempo haciéndolo manualmente.

3. Mueve tu reina y provee un seguimiento omnicanal

Toma nota de lo siguiente: **no puedes confiar toda tu estrategia de venta a un anuncio solamente.** Necesitas brindar un seguimiento a tus clientes potenciales más allá de un anuncio que verán una o dos veces y luego lo olvidarán.

Un seguimiento omnicanal te ayudará a estar donde está tu cliente ideal. ¿Qué es un seguimiento omnicanal? Es utilizar diversas redes sociales y ubicaciones digitales, como el correo electrónico, Google™ y anuncios en las redes sociales, etcétera para estar presente frente a tu cliente potencial, tal como lo hace la reina que puede utilizar todos los recuadros para moverse en cualquier dirección en el tablero. Puedes crear contenido para diversas redes sociales, crear anuncios dirigidos a tu audiencia, enviarles correos electrónicos con información de valor e incluso, utilizar Google™ Ads para crear campañas de anuncios que te permitan salir en las primeras búsquedas en Google™, en su correo electrónico o en diversas aplicaciones. Lo que estamos logrando con esto de ser omnipresentes es aparecer frente a nuestro rey en cada momento, irlo poniendo en jaque de una forma sutil para recordarle solamente que estamos aquí y que podemos ser su solución. Un estudio de 2019, actualizado en el 2024, y publicado por WordStream®, indica que esta estrategia omnicanal aumenta en un 80% la probabilidad de convertir un cliente potencial en cliente.

Me encanta esta estrategia porque generalmente recibo muchos mensajes de mis seguidores diciéndome que les salgo hasta en la sopa. Hasta me han dicho que se han terminado registrando en un taller o seminario *online* mío porque si no lo hacían, podría aparecérmeles hasta en los sueños. Me da risa, pero funciona. **Y eso es precisamente lo que necesitamos: aparecer frente al rey en todo momento para que tome acción y realice las movidas que deseamos.**

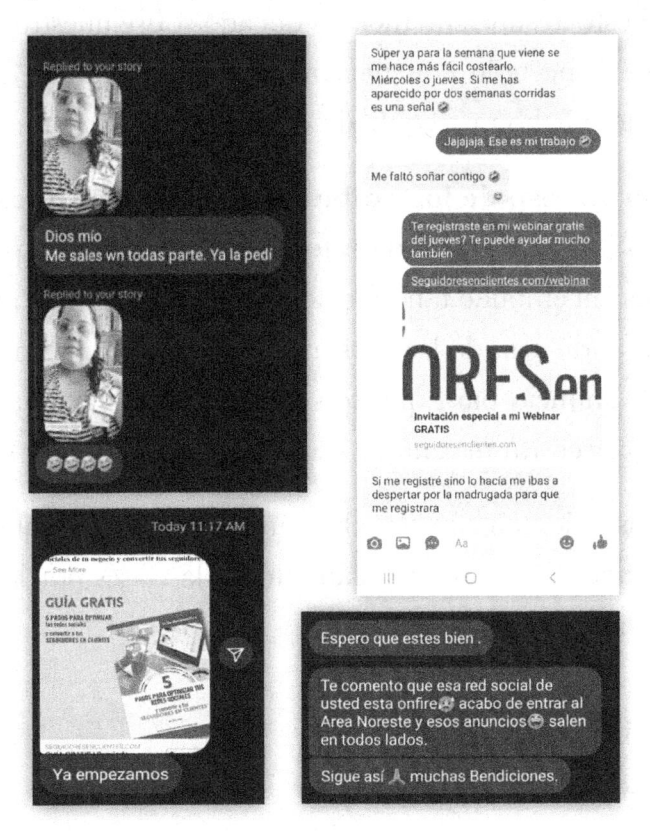

4. Saca tus caballos y lleva al rey por el embudo

Un embudo de venta te ayuda a poner en acción tu estrategia y darle el seguimiento adecuado a tu cliente potencial hasta convertirlo en rey. Como ya hemos discutido, cada cliente potencial pasa por unas fases en las que, primero te descubre, luego comienza a conectar contigo y, finalmente, realiza la compra. Cuando contamos con un embudo de venta, podemos llevar a la persona paso por paso en nuestro caballo a través de cada una de estas fases, mostrándole cada anuncio de forma estratégica. Todo esto con el fin de que cuando llegue el momento de mostrar nuestra oferta, ya ese cliente potencial esté lo suficientemente educado sobre nuestro tema, haya conectado con nuestro negocio de modo que se sienta mucho más confiado de realizar la compra.

«Pero... eso de los embudos es muy complicado». Esto lo escucho a cada rato, pero no es así. Tú puedes tener un embudo tan sencillo como hacer un vídeo, crear una audiencia de las personas que lo vieron y enviarles otro anuncio para que se comuniquen directamente al inbox y cerrar tu venta... **uno, dos, tres... ¡jaque mate!**

Piensa bien en cómo podrías implementar tu embudo y trabaja cada parte enfocándote en las fases por las que pasará tu cliente ideal.

Consejos que nadie te dio para mantener a tu cliente potencial cautivado

1. **Crea series de contenido**

   Crear series de contenido es una excelente forma de tener a tu audiencia siempre pendiente de ti y de lo próximo que vas a compartir. Esto consiste en hacer una serie de vídeos con el mismo tema y que cada uno sea una continuación (o complemento) del otro. El compartir tu contenido en pequeños pedazos hará que tu audiencia se quede «con las ganas» de ver más y los tendrás a la expectativa. Además, puedes aprovechar del beneficio de hacer múltiples publicaciones con un solo tema, sin tener que abrumarte mucho por la creación de contenido. También, puedes tener series de contenidos de una presentación que hayas hecho o hacer tu serie en distintas redes sociales para que tu audiencia «te persiga». Confieso que este último no es mi favorito porque aquí hacemos que nuestro seguidor tenga que buscarnos en vez de aparecernos frente a él, pero también funciona. Aquí te muestro un ejemplo de una serie de contenidos que realicé a raíz de una presentación de 30 minutos, la cual dividí en múltiples pedazos que fui compartiendo poco a poco:

2. Crea anuncios para personas que ya se interesaron por ti

La mejor audiencia a la que podemos darle seguimiento es a las personas que ya se interesaron por nosotros. **Si alguien ya interactuó con tu contenido, te envió un mensaje o compartió alguna publicación, ¡está interesado en lo que vendes!** No dejes pasar la oportunidad y compártele contenido u ofertas especiales a esa persona en específico.

3. Desarrolla una estrategia de mercadeo por *email*

Programa una secuencia semanal de correos electrónicos para tu lista. Otra de las mejores audiencias que puedes tener para darles seguimiento son las personas en tu lista de *emails*. A ellos puedes enviarles un artículo de blog, algún episodio de *podcast* o canal de vídeos, ofertas o promociones especiales. También puedes crear anuncios específicamente para ellos.

4. Los anuncios no son tu negocio

Esto es lamentable, pero cierto. Para vender, no puedes depender solamente de los anuncios. Si te enfocas solamente en crear anuncios «de vez en cuando» y no proporcionas ese seguimiento omnicanal constante, vas a perder más de lo que vas a ganar. El mercadeo de tu negocio debe ser parte de tu estilo de vida y tu rutina diaria, no algo de momentos o temporadas específicas.

5. Sé auténtico y deja de buscar lo que otros hacen

Si vas a vender tus servicios a través de tu contenido y tus anuncios, ¡tienes que ser original! Ponerte a buscar lo que otros hacen, solo logrará que compartas más de lo mismo. Utiliza tus torres como sostén: habla a raíz de tu experiencia y tu conocimiento y desarrolla tu estrategia de seguimiento a base de lo que sabes. ¡Tus seguidores te lo agradecerán!

6. Necesitas tener a la mano y conocer a fondo la estrategia de seguimiento que implementarás para mantener al rey cautivado, en tu juego y ponerlo en jaque

Esto no es algo que va a salir de la noche a la mañana y, de seguro, tendrás que seguir afinando tu estrategia, pero la opción de improvisar todos los días no es válida si queremos los mejores resultados.

7. Comienza a crear anuncios más allá del botón de *boost*

Por favor, ¡no lo hagas! A menos que tengas creadas tus audiencias de públicos personalizados, cada vez que presiones este botón estarás llegando a nuevas personas y sí, eso está bien *cool*, pero no vas a lograr mucho si cada vez que haces un nuevo anuncio, le llegas a nuevas personas en vez de darles seguimiento a las que ya tienes cautivadas. De esto vamos a hablar más a fondo en el próximo capítulo.

8. Utiliza las redes apropiadas según tu audiencia

Muchos te dirán que tienes que estar presente en todas las redes sociales. Sin embargo, yo te digo que no. Solamente tienes que utilizar aquellas en las que sabes que tu audiencia está presente. Si vamos a desarrollar una estrategia que conlleva un seguimiento y necesitamos configurar todos esos anuncios y programar todo el contenido, lo mejor es que te enfoques en las redes en las que está tu audiencia para que no pierdas tiempo, esfuerzo y dinero en las otras redes sociales que no te traerán ningún resultado. En el mundo de los negocios el tiempo es oro y, si lo desperdicias en otras redes sociales en las que no está tu cliente ideal, te estás añadiendo más trabajo para lograr menos en vez de más. Hay un dicho en inglés que dice: *Work smarter, not harder* (trabaja inteligentemente, no intensamente), a eso me refiero.

Enroque Digital

1. Investiga estrategias de seguimiento omnicanal exitosas que hayan implementado otras marcas similares a la tuya.
2. Pídele a tu asistente virtual de inteligencia artificial que te desarrolle el contenido para una secuencia de cinco correos electrónicos enfocada en vender uno de tus servicios. Puede incluir:
   - email de bienvenida
   - información sobre ti para que te conozcan más a fondo
   - un tip o consejo para posicionarte como experto
   - un email de oferta y uno de seguimiento a tu oferta

Sé específico con lo que vas a ofrecer.

¡Trabajemos en tu negocio!

¿Qué elementos utilizarás para proveer seguimiento a tus clientes potenciales? Usa tu manual y ¡a trabajar en tu plan!

zulysalas.com/mijaquemate

Para descargar el manual,
escanea el código o visita el enlace.

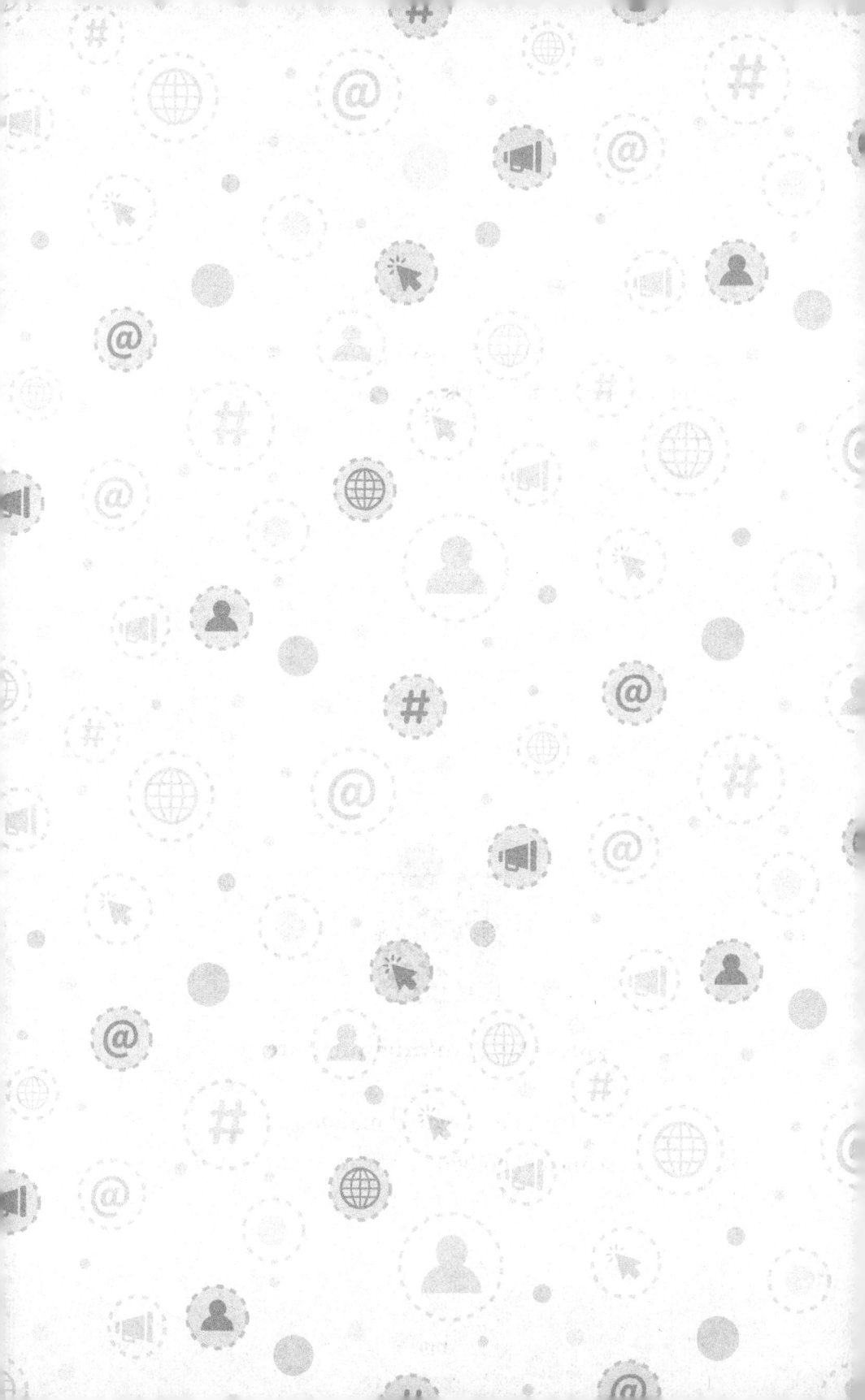

Movida final

¡Jaque mate!
La estrategia de anuncios para cerrar ventas y fidelizar clientes

¡Al fin! ¡Llegamos al momento de dar el jaque mate con nuestra estrategia de *marketing* digital!

A este punto ya conoces que debes preparar tu tablero de juego y construir tu marca, diseñar tu estrategia para mantenerte en ventaja dentro del mercado, crear una audiencia calificada para transformar seguidores en clientes ideales, realizar movidas estratégicas para mantener tu posición y a tu cliente ideal cautivado con tu juego. Pero… ¿cómo lo conviertes en cliente? Bueno, de eso hablaremos en este capítulo.

Quiero contarte la magia detrás de la creación de anuncios exitosos, que te permitan ganar al mercadear tus servicios, dar jaque mate y quedarte con el rey. Como hemos hablado anteriormente, lo primero que necesitas es tener claros tus objetivos, así que espero que los hayas trabajado en tu manual, para que puedas entender esta parte y aplicar lo aprendido de acuerdo con lo que necesitas lograr.

Quiero comenzar contándote que los anuncios son una receta en la que conoces los ingredientes, pero no necesariamente las cantidades porque va a depender mucho de la industria, el nicho al que te diriges y el objetivo que deseas lograr.

Para crear un buen anuncio, necesitas:

1. **Una audiencia bien definida.** Tal como discutimos en la *Movida 3*, necesitas tener una audiencia bien definida para conectar con tus reyes. Es muy importante que completes las plantillas para definir a tus avatares, que están en el manual de trabajo.

2. **Saber el objetivo que deseas cumplir.** Además del objetivo que puede tener tu contenido, tus anuncios también necesitan tener un objetivo que cumplir para poder configurarlo de la forma correcta. Más adelante en este capítulo te explicaré los distintos objetivos al detalle.

3. **Saber el mensaje que quieres llevar.** ¿Qué es lo que deseas comunicar?, ¿vas a anunciar tu negocio o un nuevo servicio?, ¿deseas vender algo?, ¿deseas promover tu artículo gratis para que las personas se registren? Debes de tener bien claro de antemano cuál es el propósito de tu mensaje para que lo redactes de la forma correcta.

4. **Un arte, vídeo o elemento audiovisual que sea llamativo.** Trata siempre de ser original. Evita colocar demasiado texto en tus artes y aprovecha los primeros tres segundos de tu vídeo porque son cruciales para que tu espectador continúe viéndolo.

5. **Una duración justa.** Un anuncio básico debe publicarse por lo menos durante siete días para que los clientes potenciales puedan verlo, recordarlo, realizar sus movidas y tomar acción. Sin embargo, cuando estamos anunciando eventos, promocionando nuestro artículo gratis o haciendo alguna campaña importante (un lanzamiento, un taller, etcétera), debe durar mucho más. A veces se necesitan hasta dos o tres meses para vender un taller o evento masivo.

6. **Debes tener un presupuesto justo.** Invertir $2.00 o $3.00 (dos o tres dólares) al día no va a hacer nada, pues les llegarás a tan pocas personas que no contarás con la cantidad suficiente de acciones o clics en tu anuncio. Lo menos que debes invertir en una campaña básica de interacción o mensajes son $10.00 (diez dólares) diarios durante siete días. Si son anuncios más complejos, deseas vender un evento, captar *leads* o que tu cliente ideal tome alguna acción en específico, tu inversión debe ser mucho mayor. Como sabes, cada campaña y cada industria es distinta, pero para este tipo de anuncios, no recomiendo menos de $40.00 (cuarenta dólares) diarios durante 14 días, que es lo mínimo que debería durar la campaña.

Los cinco anuncios esenciales para un buen *marketing* digital

Es importante que sepas que cuando hablamos de campañas publicitarias en las redes sociales (sobre todo en Facebook™ e Instagram™), son cinco los anuncios esenciales que debes tener para que tu estrategia corra correctamente e ir llevando a tu cliente ideal fase por fase: **anuncios de alcance, de interacción, para dirigir tráfico, para captar *leads* y para vender.** ¿Por qué necesitas tantos anuncios? Te cuento por qué:

- **Primero, necesitas los anuncios de alcance** para llegar a nuevas personas, que se enteren de que existes y descubran tu negocio.

- **Segundo, los anuncios de interacción** ayudan a que las personas conecten contigo y tomen una acción en específico como comentar, compartir, etiquetar. Recuerda que la interacción genera que más personas vean tu contenido.

- **Tercero, los anuncios de tráfico** son importantes porque son los que ayudan a llevar a clientes potenciales a tu página web, página de venta o página de captura y te permiten crear una audiencia de personas que visitaron tu página para enviarles futuros anuncios (o hacer remercadeo, como le llamamos en el mundo del *marketing* digital).

- **Cuarto, los anuncios para captar *leads*** son de los más importantes. Con estos puedes hacer crecer tu lista de clientes potenciales y darles seguimiento a través en su correo electrónico con una estrategia de *email marketing*.

- **Quinto, los anuncios para vender,** esos en los que muestras tu oferta. Creo que estos no necesitan mucha explicación y sé que son los que más deseamos. El problema está cuando nos olvidamos de los demás anuncios y nos enfocamos meramente en estos anuncios de ventas. **Los anuncios para vender son los últimos dentro de toda la estrategia.** Si te enfocas solamente en ellos, puedes estar botando tu dinero (y tu tiempo) porque no te brindarán los resultados que buscas.

Objetivos para tus anuncios según la fase en la que se encuentra el rey

¿Sabías que también hay objetivos específicos para cada una de las fases en plataformas como Facebook™, Instagram™, LinkedIn™ y Google™, entre otras? Sí, al configurar tus anuncios, existen objetivos específicos para cada fase por la cual pasa tu cliente potencial. Aquí te contaré qué objetivos puedes utilizar en cada una de ellas.

1. **Objetivos para la fase de descubrimiento:** Utilízalos cuando desees crear anuncios para que más personas sepan de tu negocio. Estos en específico, se utilizan normalmente para lograr ese primer contacto con clientes potenciales dentro de la fase inicial. Tipos de anuncios que puedes crear:

    - **Reconocimiento de marca:** Para llevar tu anuncio a personas que pueden estar interesadas en tu negocio y que descubran tu marca y la identifiquen o reconozcan. Aunque su enfoque principal es llegar a nuevas personas, este te provee un alcance un poco más pequeño, pero con más frecuencia. Es decir, busca personas interesadas y les muestra el anuncio varias veces para que te puedan recordar.

- **Alcance:** Muestra tu anuncio a la mayor cantidad de personas posibles que puedan estar interesadas en tu negocio. A diferencia del objetivo anterior, en esta ocasión, lleva el anuncio a muchísimas personas para que logres más alcance, pero con menos frecuencia. Es decir, lo ve muchísima gente, pero solo una vez (o muy pocas veces). Por esa razón, suele ser más efectivo con audiencias de pueblos cercanos a la ubicación de tu negocio.

- **Ubicación:** Lleva tu anuncio a las personas con mayor tendencia a visitar tu negocio u oficina física. Depende de la configuración, hay ocasiones en las que la misma plataforma selecciona una audiencia automática que sea de zonas cercanas o que esté «de paso» por tu área. En otras ocasiones, tienes que configurar las zonas limítrofes a tu negocio, pero ambas funcionan de la misma forma.

2. **Objetivos para la fase de conexión:** Utilízalos para conectar con tu cliente ideal y cuando deseas que las personas tomen una acción específica al ver tu anuncio.

- **Tráfico:** Utilízalo cuando deseas que tu audiencia presione un enlace en tu anuncio que los dirigirá fuera de la red social, por ejemplo, a tu página web, tienda virtual o a tu página de captura.

- **Interacción:** Lleva tu anuncio a la mayor cantidad de personas posibles que puedan interactuar con tu publicación. Existen tres formas principales en las que tu audiencia puede interactuar con tus anuncios:

1. **Interacción con la publicación:** Esto es cuando deseas que las personas interactúen directamente con tu anuncio, ya sea que comenten, lo compartan, reproduzcan el video, le den «me gusta», etcétera.

2. **«Me gusta» de la página:** En este caso, este objetivo está enfocado en aumentar la cantidad de seguidores en tu página de negocio. Su único propósito es hacer crecer tu comunidad.

3. **Respuestas a eventos:** Utilízalo si eres anfitrión o administrador de un evento creado en la red social y deseas promocionarlo para recibir más respuestas. Por ejemplo, si asistirán o están interesados en ese evento.

- **Reproducciones de vídeo:** Envía tu anuncio a las personas que están más inclinadas a reproducir el contenido de tu video.

- **Generación de clientes potenciales:** Te ayuda a captar «leads» y obtener más datos sobre tus clientes potenciales (correo electrónico de personas que podrían estar interesadas en tu marca). Este objetivo lleva tu anuncio a las personas que están más dispuestas a completar tu formulario de registro y provee seguimiento diario hasta que logra convertirse en «lead».

- **Mensajes:** Consigue que más personas presionen el botón de «enviar mensaje» en tu anuncio. Los mensajes pueden ser dirigidos a tu *inbox* o WhatsApp™

3. **Objetivos para la fase de conversión:** Usa estos objetivos cuando desees aumentar las ventas en tu tienda virtual, captar más «leads» o que más personas descarguen tu «app».

    - **Conversiones:** Úsalo para dar seguimiento a los visitantes de tu página para lograr más acciones de ventas o «leads» en tu página web o tienda virtual.

    - **Ventas del catálogo:** Crea anuncios que te permitan mostrar los artículos de tu catálogo a tu audiencia.

    - **Instalaciones de la «app»:** Consigue que más personas instalen tu aplicación.

    - **Llamadas o mensajes:** Logra dirigir a más personas a tu *inbox* (a Messenger, Instagram™ o WhatsApp™) o a realizar una llamada telefónica.

Audiencias básicas que necesitas tener en tu administrador de anuncios de Meta™:

- Una audiencia (o varias audiencias) por intereses
- Públicos personalizados
    - Personas a las que les gusta tu página (Facebook™ e Instagram™)
    - Personas que han visto al menos un 50% de tu vídeo

- Personas que han interactuado con tus perfiles recientemente (hasta 365 días)
- Personas que te han enviado un mensaje
- Visitantes de tu página web
- Lista de contactos
- Audiencias similares a todos los públicos personalizados

Cómo saber si tu anuncio fue exitoso

Además de las ventas, es importante que mires los números de tus anuncios. Hay muchísimas métricas que puedes evaluar y varían de objetivo en objetivo, pero te voy a compartir las más importantes que aplican a la mayoría de las campañas de anuncios.

- **Alcance:** Es la cantidad total de personas que ha visto tu anuncio.

- **Frecuencia:** La cantidad de veces que una persona ve tu anuncio durante un periodo en específico (por ejemplo, una semana). Lo ideal es que tu frecuencia en plataformas como Facebook™ e Instagram™ estén entre 2 y 4, ¿por qué? Porque quieres que tu seguidor vea el anuncio la cantidad de veces suficiente como para lograr que te recuerde, pero no saturarlo con demasiados *views* y que deje de tomar acción.

- **CTR o *Click Through Rate:*** Es el porciento de clics que obtienes en tu anuncio. Buscamos que al menos el 1% de las personas que ve tu anuncio haga clic en él.

Si está por encima del 1% significa que tu anuncio está siendo muy interesante para tu audiencia. Por el contrario, si está por debajo del 1% no es un anuncio llamativo y hay que realizarle modificaciones en el texto, la parte gráfica, audiovisual o la audiencia.

- **Conversiones:** En anuncios de conversión de clientes potenciales o captación de *leads*, esperamos que al menos el 20% de las personas que visitó tu formulario o página de captura se registre. Si estás obteniendo menos de 20% de conversión, pero tu CTR está bien, entonces debes hacer modificaciones a tu página de captura, pero si tienes una conversión baja y un CTR bajo, hay que hacer modificaciones tanto en el anuncio como en la página de captura. Muchas veces estas modificaciones de la página de captura pueden ser sencillas, como reorganizar los elementos, hacer énfasis en el título o botón de registro o cambiar algún color. Lo importante es que vayas realizando los cambios uno a uno para que vayas midiendo los resultados. Si cambias todo a la vez, no sabrás cuál de los cambios fue el que te ayudó a dañar o mejorar tus resultados.

- **ROAS o *Return of Advertising Spend:*** Si estás utilizando alguna plataforma de *ecommerce* para vender 100% *online*, el ROAS es una métrica superimportante. Este mide el retorno por cada dólar que inviertes en publicidad. Es decir, si invertiste $100.00 (cien dólares) en publicidad y obtuviste un retorno de $500.00 (quinientos dólares), tienes un ROAS de 5, ya que estás recibiendo $5.00 (cinco) dólares en retorno por cada dólar puesto en publicidad. Plataformas como Facebook™ e Instagram™ te calculan el ROAS automáticamente, pero si deseas hacer el cálculo por tu cuenta puedes utilizar la siguiente fórmula:

ROAS = Ingresos generados por tu publicidad / Costo de la publicidad

- **ROI** o *Return of Investment*: Este mide la ganancia neta. Técnicamente, son todos los ingresos generados después de restar todos los costos de inversión. Plataformas como Facebook™ e Instagram™ te calculan el ROI automáticamente, pero si deseas hacer el cálculo por tu cuenta puedes utilizar la siguiente fórmula:

ROI = [(Ganancia neta − costo de inversión) / Costo de inversión] x 100

Consejos que nadie te dio para cerrar ventas

1. Tener únicamente una audiencia <u>general</u> puede estar afectando el resultado de tus anuncios

Lo mejor es crear múltiples audiencias más pequeñas dirigidas a nichos específicos. Cada una de estas audiencias debe tener intereses y características particulares. Si estás creando una sola audiencia para todos tus anuncios, definitivamente estás desperdiciando mucho dinero, pues no tienes forma de medir cuáles variantes son las que mejores (o peores) resultados están dando.

2. **Aumentar la audiencia correcta es crucial para maximizar tus resultados.**

Te muestro un ejemplo de lo que puede suceder con tus anuncios cuando haces crecer la audiencia equivocada:

Este cliente vino donde mí para realizar unas campañas de anuncios para vender un evento. Cuando llegó, ya tenía una comunidad bastante grande en Facebook™ e Instagram™. Trabajé sus campañas con audiencias personalizadas y otras audiencias por intereses y similares creadas por mí. Si nos dejamos llevar por los resultados de este anuncio (basado en el CTR), puedes ver que la audiencia menos interesada en la campaña fue precisamente su público personalizado (la comunidad que ya tenía). Tus audiencias personalizadas deben ser las más tibias y las que más se inclinarían a comprar y, en este caso, fueron las que menos presionaron ese enlace que los dirigía a la página de venta. Si te enfocas en tener **cantidad** de seguidores **en vez de calidad**, los resultados de tus anuncios, definitivamente, se verán iguales a este. Por eso insisto en tener **seguidores calificados**; son la pieza clave para que tengas éxito… *con menos inversión y menos esfuerzo.*

Nombre del conjunto de anuncios	Alcance	Impresiones	Frecuencia	Importe gastado	Clics en el enlace	CTR (todos)
Todo	122.425	193.847	1.58	$115,45	767	0,60%
Similares	2.225	4.015	1,80	$29,66	44	4,26%
Personalizados	115.555	181.607	1,57	$29,53	658	0,43%
Intereses PR	3.623	6.065	1,67	$28,70	56	2,69%
Intereses US	1.486	2.160	1,45	$27,56	9	2,45%
	122.425 cuentas del centro de cuentas	193.847 Total	1,58 por cuenta del centro de cuentas	$115,45 Gasto total	767 Total	0,60% Por impresiones

3. **Haz anuncios de remercadeo para las mismas audiencias.** Sí, sé que suena contradictorio, pero necesitas continuar ese seguimiento a tus clientes potenciales. Requieres alimentar tus públicos personalizados a través de anuncios de interacción y, luego, seleccionar esas audiencias que ya interactuaron contigo para continuar enviándoles anuncios e invitarlos a registrarse en tu lista. Si haces tus anuncios exclusivamente para audiencias por intereses, siempre estarás llegándoles a personas nuevas en vez de continuar con ese seguimiento.

4. **La duración de tu anuncio también juega un rol importante en el éxito de tus resultados.** Necesitas que tu campaña esté activa por lo menos siete días. ¿Por qué? Porque las personas no toman acción en el justo momento en que te ven. Quizás vieron tu anuncio mientras trabajaban, cocinaban o en medio de alguna gestión importante y no pudieron tomar acción al momento, así que es necesario volver a salir frente a ellos para recordarles que estás ahí. Si dejas activos tus anuncios solamente por dos o tres días, no lograrás estar frente a tu cliente potencial la cantidad de veces suficiente como para lograr que tome acción.

5. **Deja a un lado las expectativas de vender siempre y de lograr megaresultados con tus anuncios. Debes tener algo claro: si ganaste seguidores, conexiones, interacciones y referidos, lograste resultados para tu negocio.** Quizás no son monetarios en este preciso momento, pero si esas personas que llegaron a raíz de tu anuncio son las correctas, con gran probabilidad eventualmente se convertirán en clientes.

6. **Toca un punto de dolor y cuenta una historia que lo resuelva.** Un anuncio exitoso debe seguir más o menos la siguiente estructura:

    1. Cuenta una historia que demuestre una situación común o problema que tiene tu cliente potencial.
    2. Ofrece una solución.
    3. Conviértete en parte de esa solución.
    4. Haz un llamado a la acción.

Aquí comparto contigo un ejemplo de un anuncio con esta misma estructura, que realicé en los comienzos de mi negocio y que siempre me traía excelentes resultados:

La estructura perfecta

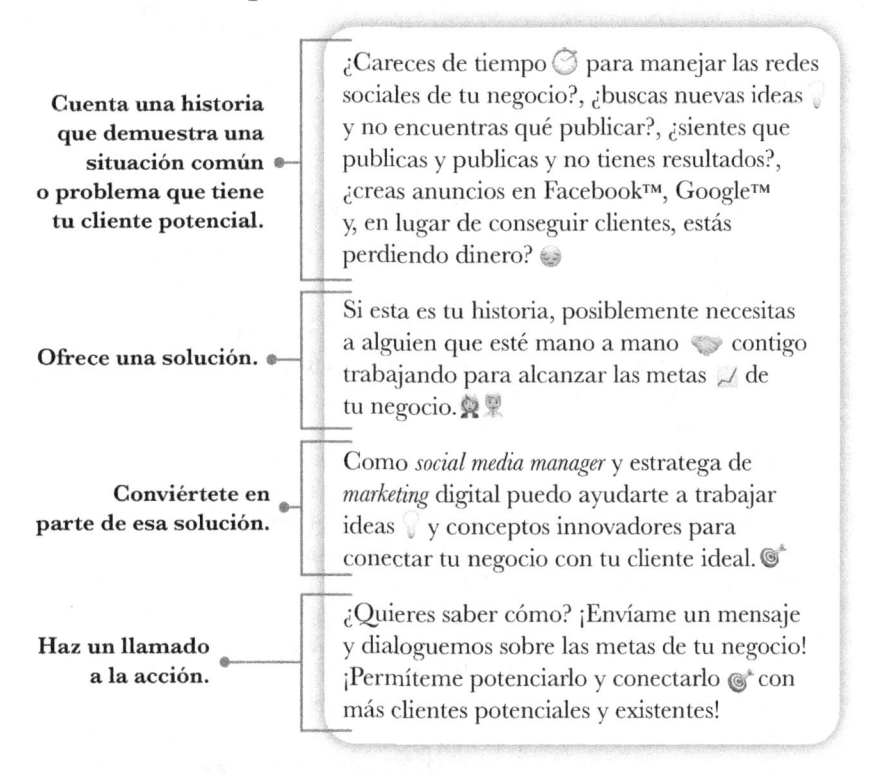

Cuenta una historia que demuestra una situación común o problema que tiene tu cliente potencial.

¿Careces de tiempo 🕒 para manejar las redes sociales de tu negocio?, ¿buscas nuevas ideas 💡 y no encuentras qué publicar?, ¿sientes que publicas y publicas y no tienes resultados?, ¿creas anuncios en Facebook™, Google™ y, en lugar de conseguir clientes, estás perdiendo dinero? 😔

Ofrece una solución.

Si esta es tu historia, posiblemente necesitas a alguien que esté mano a mano 🤝 contigo trabajando para alcanzar las metas 📈 de tu negocio. 🏆🏆

Conviértete en parte de esa solución.

Como *social media manager* y estratega de *marketing* digital puedo ayudarte a trabajar ideas 💡 y conceptos innovadores para conectar tu negocio con tu cliente ideal. 🎯

Haz un llamado a la acción.

¿Quieres saber cómo? ¡Envíame un mensaje y dialoguemos sobre las metas de tu negocio! ¡Permíteme potenciarlo y conectarlo 🎯 con más clientes potenciales y existentes!

7. **Por favor, evita los UNICODE.** ¿Qué son los UNICODE? Son esas **palabras en bold** o r e s a l t a d a s que ves en algunos anuncios. Si las has visto, quizás te dio la curiosidad de cómo se pueden hacer, ya que la mayoría de las redes sociales no tienen la opción para resaltar palabras. Esto es bien sencillo: busca en Google™ *unicode text converter*. Te toparás con plataformas como https://qaz.wtf/u/convert.cgi.

Unicode Text Converter

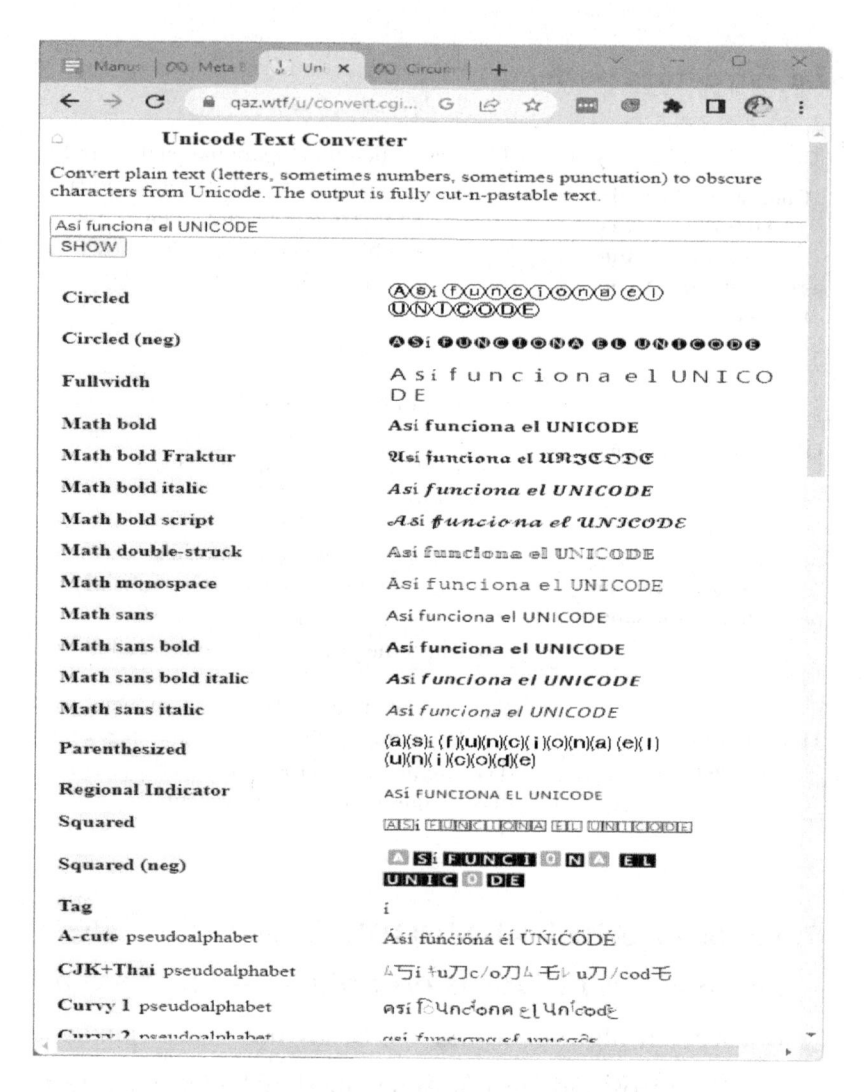

Convert plain text (letters, sometimes numbers, sometimes punctuation) to obscure characters from Unicode. The output is fully cut-n-pastable text.

Así funciona el UNICODE

SHOW

Circled	Ⓐⓢⓘ ⓕⓤⓝⓒⓘⓞⓝⓐ ⓔⓛ ⓤⓝⓘⓒⓞⓓⓔ
Circled (neg)	🅐🅢🅘 🅕🅤🅝🅒🅘🅞🅝🅐 🅔🅛 🅤🅝🅘🅒🅞🅓🅔
Fullwidth	Ａsｉ ｆｕｎｃｉｏｎａ ｅｌ ＵＮＩＣＯＤＥ
Math bold	𝐀𝐬í 𝐟𝐮𝐧𝐜𝐢𝐨𝐧𝐚 𝐞𝐥 𝐔𝐍𝐈𝐂𝐎𝐃𝐄
Math bold Fraktur	𝕬𝖘í 𝖋𝖚𝖓𝖈𝖎𝖔𝖓𝖆 𝖊𝖑 𝖀𝕹𝕴𝕮𝕺𝕯𝕰
Math bold italic	𝑨𝒔í 𝒇𝒖𝒏𝒄𝒊𝒐𝒏𝒂 𝒆𝒍 𝑼𝑵𝑰𝑪𝑶𝑫𝑬
Math bold script	𝓐𝓼í 𝓯𝓾𝓷𝓬𝓲𝓸𝓷𝓪 𝓮𝓵 𝓤𝓝𝓘𝓒𝓞𝓓𝓔
Math double-struck	𝔸𝕤í 𝕗𝕦𝕟𝕔𝕚𝕠𝕟𝕒 𝕖𝕝 𝕌ℕ𝕀ℂ𝕆𝔻𝔼
Math monospace	𝙰𝚜𝚒 𝚏𝚞𝚗𝚌𝚒𝚘𝚗𝚊 𝚎𝚕 𝚄𝙽𝙸𝙲𝙾𝙳𝙴
Math sans	𝖠𝗌𝗂 𝖿𝗎𝗇𝖼𝗂𝗈𝗇𝖺 𝖾𝗅 𝖴𝖭𝖨𝖢𝖮𝖣𝖤
Math sans bold	𝗔𝘀í 𝗳𝘂𝗻𝗰𝗶𝗼𝗻𝗮 𝗲𝗹 𝗨𝗡𝗜𝗖𝗢𝗗𝗘
Math sans bold italic	𝘼𝙨í 𝙛𝙪𝙣𝙘𝙞𝙤𝙣𝙖 𝙚𝙡 𝙐𝙉𝙄𝘾𝙊𝘿𝙀
Math sans italic	𝘈𝘴í 𝘧𝘶𝘯𝘤𝘪𝘰𝘯𝘢 𝘦𝘭 𝘜𝘕𝘐𝘊𝘖𝘋𝘌
Parenthesized	⒜⒮ᵢ ⒡⒰⒩⒞⒤⒪⒩⒜ ⒠⒧ ⒰⒩⒤⒞⒪⒟⒠
Regional Indicator	🇦🇸í 🇫🇺🇳🇨🇮🇴🇳🇦 🇪🇱 🇺🇳🇮🇨🇴🇩🇪
Squared	🄰🅂🄸 🄵🅄🄽🄲🄸🄾🄽🄰 🄴🄻 🅄🄽🄸🄲🄾🄳🄴
Squared (neg)	🅰🆂í 🅵🆄🅽🅲🅸🅾🅽🅰 🅴🅻 🆄🅽🅸🅲🅾🅳🅴
Tag	í
A-cute pseudoalphabet	Áśí fúńćíóńá éĺ ÚŃÍĆÓD́É
CJK+Thai pseudoalphabet	丹Ƽi 푸刀c/o刀丹 モレ u刀/cod モ
Curvy 1 pseudoalphabet	ค̸รífบnciona ɛɩ Uniϲode
Curvy 2 pseudoalphabet	αѕí ƒυη¢ισηα єℓ υηι¢σ∂є

Aquí escribes tu texto y lo convertirá en esos caracteres bien bonitos que vemos en publicaciones y anuncios. ¡Qué tentación da usarlos! Pero... usarlos en tus páginas comerciales puede tener grandísimas repercusiones, desde un bloqueo publicitario hasta un cierre definitivo de tus cuentas comerciales. ¿Por qué? Porque los robots del algoritmo de algunas redes sociales no pueden leer esos caracteres y, por tal razón, entienden que tu anuncio o publicación está evadiendo el proceso de revisión, es una publicación mal intencionada o contiene palabras restringidas. Si las usas y recibes una restricción o «baneo» definitivo o inhabilitación definitiva de tu cuenta o página, ya no habrá vuelta atrás. Te aseguro que hay un 99.99% de probabilidad de que te tocará comenzar de cero tus perfiles sociales y claro que no quieres eso.

8. **Lee las políticas de la plataforma que vas a utilizar para anunciarte.** Suelen cambiar constantemente y es importante que sepas qué puedes o no hacer en tus anuncios para que no pases percances con tus cuentas comerciales.

9. **Los anuncios solos no funcionan.** De esto hemos hablado mucho, pero necesito volver a recordártelo ahora que estamos terminando con toda la estrategia. **Recuerda que necesitas crear una estrategia completa para brindar el seguimiento correcto a tus clientes potenciales y maximizar tus resultados.**

Enroque Digital

Pídele a tu asistente virtual de inteligencia artificial que realice varios *copies* (o textos persuasivos) para tus anuncios. Asegúrate de proveerle información suficiente para que sepa a qué te dedicas, qué vas a vender y cuál es tu audiencia. Evalúa las propuestas y dales tu toque único para que apele más al tono en que te comunicas.

¡Trabajemos en tu negocio!

¡Llegó la hora de planificar la ejecución de tu movida final! ¡Desarrollemos tu estrategia de anuncios en el manual de trabajo!

zulysalas.com/mijaquemate

Para descargar el manual,
escanea el código o visita el enlace.

Recapitulemos

Luego de completar todas las partes de este libro y el manual de trabajo, así es como se vería tu estrategia.

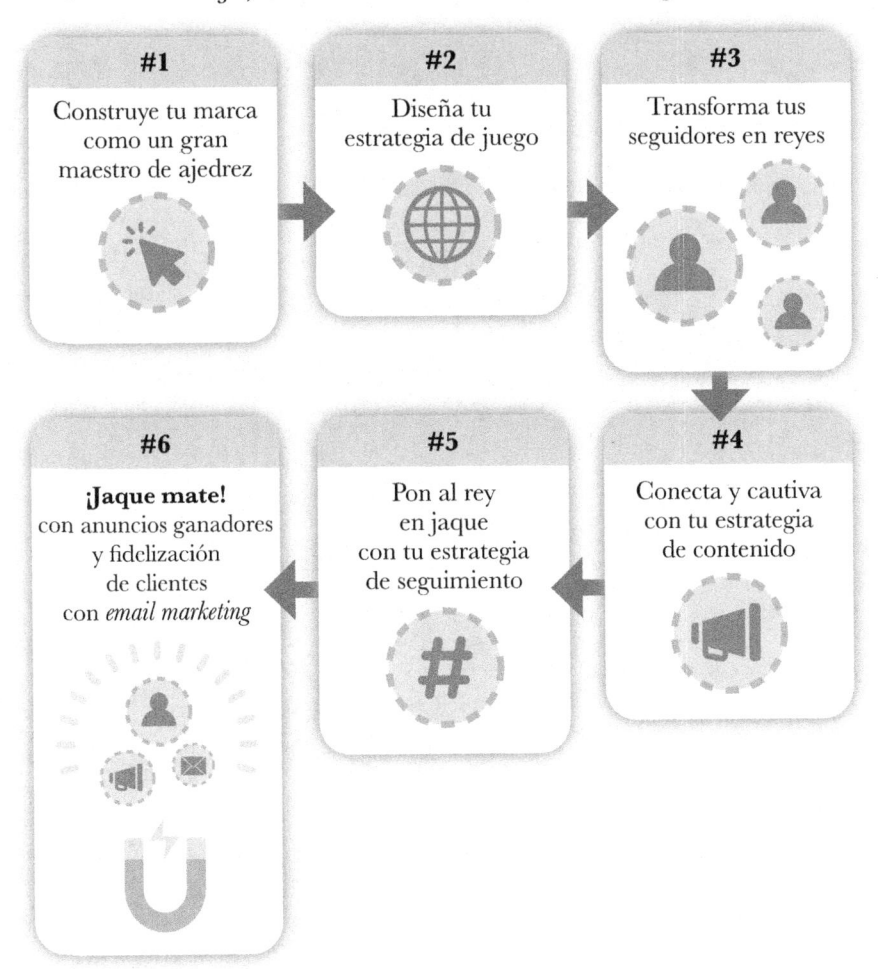

#1 Construye tu marca como un gran maestro de ajedrez

#2 Diseña tu estrategia de juego

#3 Transforma tus seguidores en reyes

#4 Conecta y cautiva con tu estrategia de contenido

#5 Pon al rey en jaque con tu estrategia de seguimiento

#6 ¡Jaque mate! con anuncios ganadores y fidelización de clientes con *email marketing*

Chequéate esta movida

Espero que hayas disfrutado la lectura de *El jaque mate del marketing digital*. ¿Te gustaría explorar cómo aplicar las estrategias del libro a tu negocio y mover tus piezas hacia el éxito? Reserva una sesión de consulta conmigo para planificar juntos tus próximas movidas. Aprovecha una oferta de cortesía que he preparado para ti. Puedes separar tu espacio en zulysalas.com/jugadamaestra.

¡Espero conversar contigo pronto y ayudarte a dar el jaque mate con tus anuncios digitales!

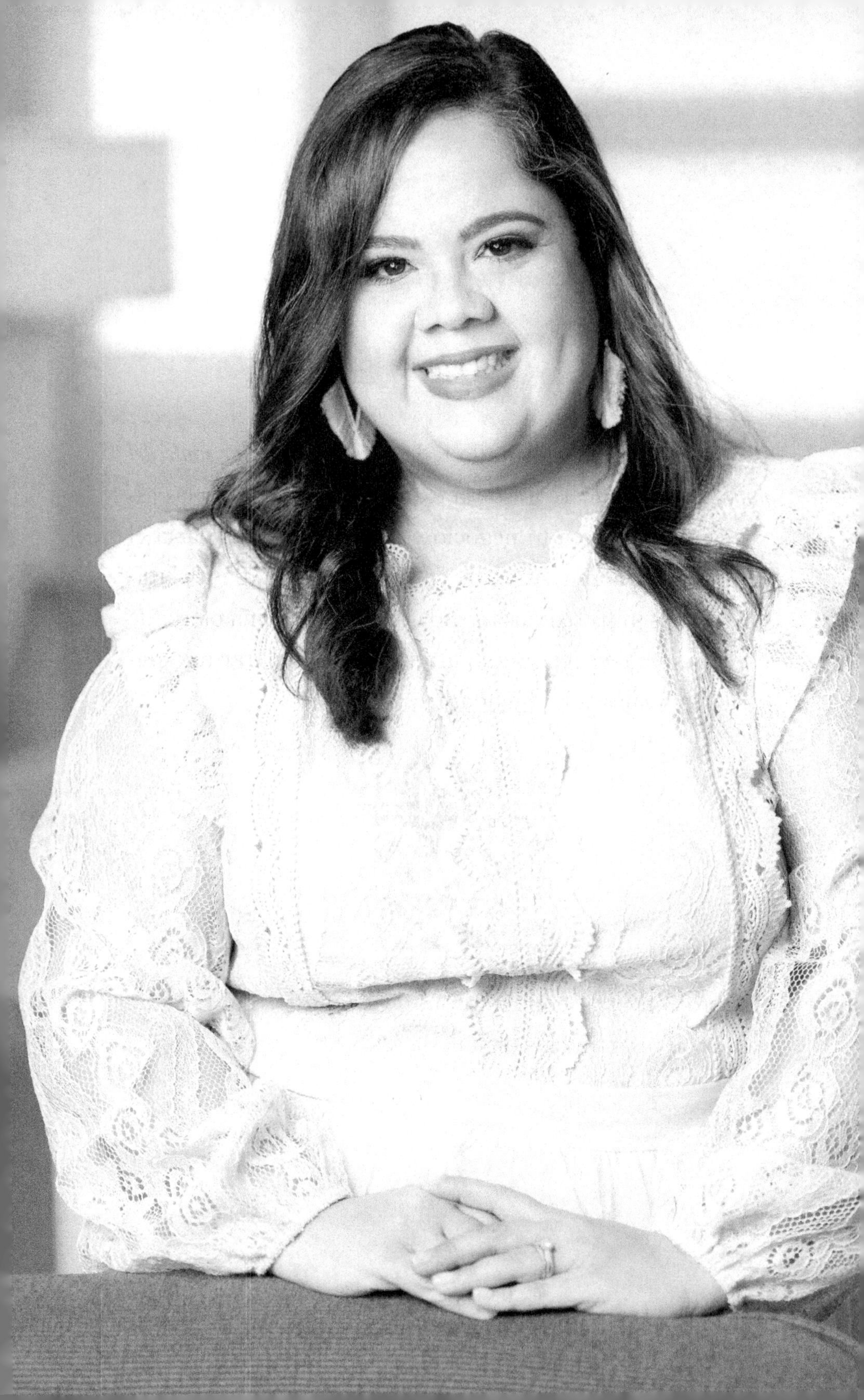

Sobre la autora

Zuly Salas, natural de Moca, Puerto Rico, es especialista en *marketing* digital desde el 2012, dedicada a la creación de estrategias digitales efectivas. Con un enfoque en profesionales de la industria de servicios y el conocimiento, Zuly ha transformado la manera en que sus clientes se posicionan en internet y las redes sociales, ayudándoles a conectarse con clientes potenciales e impulsando su crecimiento comercial.

Tiene un bachillerato en Relaciones Públicas y Publicidad de la Universidad de Puerto Rico, en Río Piedras y posee una maestría en Comunicación y Educación de la Universidad Autónoma de Barcelona, España. También, está licenciada como relacionista en Puerto Rico. Su carrera multifacética la ha llevado a ser consultora de negocios, mentora, profesora de Publicidad Digital y conferenciante en eventos tanto nacionales como internacionales. Además, ha sido jurado en diversas competencias en el ámbito de *marketing* y publicidad y ofrece talleres, conferencias y capacitaciones tanto a entidades públicas como privadas.

Zuly es la creadora y *host* del podcast **Marketing para Servicios**, donde comparte consejos y estrategias para el éxito en el mercadeo de servicios.

Con el fin de proveer soluciones efectivas a sus clientes, desarrolló las tarjetas y el curso ***Contenido para Ganar***, un recurso invaluable para aquellos que buscan captar y enganchar a su audiencia con contenido creativo y persuasivo. Para obtener más información visita: www.contenidoparaganar.com

Descubre más sobre cómo puedes beneficiarte de las estrategias de Zuly Salas en: www.zulysalas.com

Relevo legal

Esta publicación ofrece información precisa y profesional para guiar tus estrategias de *marketing* digital. Aunque los consejos y las estrategias recomendadas pueden generarte resultados beneficiosos, no podemos garantizar resultados específicos por todos los factores que no podemos controlar durante tu implementación.

Para saber cómo puedes ajustar estos consejos y estrategias a tu negocio es recomendable que los consultes con un especialista en *marketing* digital.

Todos los derechos de propiedad intelectual del contenido de esta publicación están reservados por Zuly Salas, LLC.

Bibliografía

- Braidot, N. (2013). *Neuroventas: Conozca cómo Funciona El Cerebro para vender con inteligencia y resultados exitosos.* Buenos Aires, Argentina: Ediciones Granica.

- Brunson, R. (2015). *Dotcom secrets: The underground playbook for growing your company online....* New York, USA: Morgan James Publishing.

- Fenning, C. (2020). *The first minute: How to start conversations that get results.* London, UK: Alignment Group Ltd.

- Godin, S. (2020). *The Practice: Shipping Creative Work.* United Kingdom: Penguin Business.

- Heller, E. (2020). *Psicología del color: Cómo actúan los colores sobre los sentimientos y la razón.* Barcelona, España: Editorial Gustavo Gili.

- Housel, M. (2020). *The Psychology of Money: Timeless lessons on wealth, greed, and happiness.* United Kingdom: Harriman House.

- Jantsch, J. (2011). *Duct Tape Marketing the world's Most Practical Small Business Marketing Guide.* United States: HarperCollins Leadership.

- Killen, M. (2020). *Five Figure Funnels: How To Sell Marketing Funnel Services To Your Customers For Five Figures In Any Market, No Matter Your Experience.* Dallas, Texas, USA: Primedia E-launch LLC.

- Klaric, J. (2017). *Véndele a la mente, no a la gente.* Ciudad de México, México: Ediciones Culturales Paidós.

- Kothand, M. (2017). *The One Hour Content Plan: The Solopreneur's Guide to a Year's Worth of Blog Post Ideas in 60 Minutes and Creating Content That Sells and Hooks.* CreateSpace Independent Publishing Platform.

- Kothand, M. (2019). *The Profitable Content System.* Independently published.

- Lindstrom, M. (2010). *Buyology: Truth and Lies About Why We Buy.* New York, USA: Crown Currency.

- Miller, D. (2017). *Building a Storybrand: Clarify Your Message So Customers Will Listen.* Nashville, Tennessee, USA: HarperCollins Leadership.

- Morel, R. (2020). *La ciencia detrás de los textos persuasivos: Aprende a escribir para persuadir y vender a la mente.* Publicación independiente.

- Slade, M. (2016). *May I Have Your Attention, Please?: Your Guide to Business Writing That Charms, Captivates and Converts.* Hampshire, UK: Team Incredible Publishing.

- Vaynerchuk, G. (2009). *Crush It!: Why Now Is the Time to Cash in Your Passion.* New York, USA: Harper Business.

- Vaynerchuk, G. (2011). *The Thank You Economy.* New York, USA: Harper Business.

- Vaynerchuk, G. (2021). *Twelve And A Half: Leveraging The Emotional Ingredients Necessary for Business Success.* New York, USA: Harper Business.

- Weiss, A. (2016). *Million Dollar Consulting: The Professional's Guide to Growing A Practice.* New York, USA: McGraw-Hill Education.

- Whitman, D. E. (2008). *Cashvertising.* Wayne, New Jersey, USA: Weiser.

- Yarrow, K. (2014). *Decoding The New Consumer Mind: How and Why We Shop and Buy.* San Francisco, California, USA: Jossey-Bass.

Recursos digitales:

- *31 Advertising Statistics to Know in 2024.* WordStream. (2024, January 14). https://www.wordstream.com/blog/ws/2018/07/19/advertising-statistics

- Assael, D. (n.d.). *La psicología del color. El significado de los colores y cómo aplicarlos a tu marca.* Canva. https://www.canva.com/es_mx/aprende/psicologia-del-color/

- Ochart, J. (n.d.). Aprende Social Media. *Aprende Social Media - Programa Online.* https://www.aprendesocialmedia.com/

- Technology, F. O. of. (2024, January 17). *Can-SPAM act: A Compliance Guide for Business.* Federal Trade Commission. https://www.ftc.gov/business-guidance/resources/can-spam-act-compliance-guide-business

Made in the USA
Columbia, SC
17 November 2024